大南龍星院

AFFAIRES FRANCO-SIAMOISES

5707

Le Laos
Annamite

Régions des Tièm (Ailao)

des Moïs et des Pou-Euns (Cam-Môn et Tran-Ninh)

restituées en 1893

Avec trois cartes et une phototypie

Par Ch. LEMIRE
CORRESPONDANT DU MINISTÈRE ET OFFICIER DE L'INSTRUCTION
PUBLIQUE
CHEVALIER DE LA LÉGION D'HONNEUR
COMMANDEUR DU DRAGON D'ANNAM ET OFFICIER
DE L'ORDRE DU CAMBODGE
LAURÉAT DE L'INSTITUT ET DE LA SOCIÉTÉ DE GÉOGRAPHIE COMMERCIALE
DE PARIS
AUTEUR D'OUVRAGES ADOPTÉS PAR LES MINISTÈRES
ET LES ÉTABLISSEMENTS D'INSTRUCTION PUBLIQUE

ANGERS   PARIS

GERMAIN & G. GRASSIN | A. CHALLAMEL, ÉDITEUR

IMPRIMEURS-LIBRAIRES   LIBRAIRIE COLONIALE

no, rue du Cornet et rue St-Laud | 5, rue Jacob et rue Furstenberg, 5

1894

GERMAIN ET G.GRASSIN ANGERS.

AFFAIRES FRANCO-SIAMOISES

———

LE LAOS ANNAMITE

EXTRAIT DE LA *REVUE DE L'ANJOU*

AFFAIRES FRANCO-SIAMOISES

LE LAOS ANNAMITE

Régions des Tiêm (Ailao)
des Mois et des Pou-Euns (Cam-Môn et Tran-Ninh)
restituées en 1893

Avec trois cartes et une phototypie

Par Ch. LEMIRE

CORRESPONDANT DU MINISTÈRE ET OFFICIER DE L'INSTRUCTION PUBLIQUE
CHEVALIER DE LA LÉGION D'HONNEUR
LAURÉAT DE L'INSTITUT ET DE LA SOCIÉTÉ DE GÉOGRAPHIE COMMERCIALE DE PARIS
AUTEUR D'OUVRAGES ADOPTÉS PAR LES MINISTÈRES
ET LES ÉTABLISSEMENTS D'INSTRUCTION PUBLIQUE

ANGERS
GERMAIN ET G. GRASSIN
IMPRIMEURS-LIBRAIRES
40, rue du Cornet et rue Saint-Laud

PARIS
Augustin CHALLAMEL, Éditeur
LIBRAIRIE COLONIALE
5, rue Jacob et rue Furstenberg, 5

1894

I

LE PAYS DES TIÊM ET DES MOÏS

ENTRE L'ANNAM CENTRAL ET LE MÉKONG

Région restituée par le traité de Bangkok du 3 octobre 1893

Journal de route (août et septembre 1892)

1° De Dong-Hôi à Cam-Lô ;
2° De Cam-Lô à Axoc par le Dong-Nai :
3° De Axoc à Ai-Lao par Lang-Sên ;
4° De Ai-Lao à Quang-Tri par Mai-Lanh ;
5° De Quang-Tri à Dong-Hôi.

SOMMAIRE. — Région entre l'Annam central et le Mékong. — Les 9 châus Tiêm. — Les 9 cantons Moïs. — Destruction du royaume de Vien-Chan. — Invasion siamoise dans les 9 châus. — Nouvelles usurpations siamoises. — Postes franco-annamites. — Les sables de la route. — Marché de Cam-Lô. — Les canons de Tân-Sò. — Convois. — Départ de Cam-Lô. — Mâu-Hoa. — Xa-Luân. — Un éléphant pour une femme et six buffles. — Relation entre les Moïs des deux versants. — Organisation des Moïs par le Gouvernement annamite. — La forêt. — Les douze gués du Ran-Cao. — Ressources du pays. — Le massif du Dong-Nai. — Bassin du Mékong. — Axoc. — Défilé de rochers. — La Sè-Mu. — Le Moï-Gam. — Chutes et cascades. — Lang-Sên. — Les sauvages. — M. Harmand, premier explorateur de la région. — Productions et objets d'échange. —

Tabac, bétel et opium. — Le guide Khoan. — Tentatives des
Siamois. — Femmes Tiêm et Moïs. — Arbres géants. — Porteurs
Moïs. — Route dite mandarine. — Adoa. — Retour dans le bassin
annamite. — Village et rivière de Lam-Tuï. — Les cornacs. —
Épidémies. — Bassin du Mékong. — Exploitation des bois. — Aï-
Lao. — Le serment à Ou-Bôn. — Prohibitions siamoises. — Projet
de marché. — Relations entre les villages. — Le Rau-Quan. — Les
serpents d'eau. — Maï-Lanh. — La fièvre des bois. — Le retour.
— Conclusions.

Région entre l'Annam central et le Mékong. — A
l'ouest des provinces annamites de Quang-Tri et Quang-
Binh, c'est-à-dire entre la côte d'Annam, de Hué à Dong-
Hôi, d'une part, et le Mékong, de La-Khon au Sé-Don ou
rivière de Saravane, d'autre part, s'étend une vaste région
de 40.000 kilomètres carrés embrassant les bassins du Sé-
Bang-Fai au nord, du Sé-Bang-Hien au centre, et du Sé-Don
(Attopeu) au sud.

Cette région est habitée par deux races : 1° Les Tiêm, qui
ne diffèrent pas des Pou-Euns du Trân-Ninh et sont une
souche laotienne des Pouthaï; 2° les Moïs, appelés Khas (ou
Sas ou Sos ou Souïs).

Ces peuplades étaient soumises, depuis plusieurs siècles,
à l'autorité des rois d'Annam et payaient un tribut annuel
peu élevé en nature et en argent. Le roi Gia-Long s'occupa
de l'organisation administrative du pays ; cette tâche
fut poursuivie jusqu'en la septième année de Minh-
Mang (1827).

Les 9 châus Tiêm. — Les Tiêm furent divisés en 9 châus
ou Mu'ongs, savoir :

Noms annamites et noms laotiens :

Lang-Thin (Mu'on-Phin).	Ta-Bang (Phabang).
Na-Bon (Tchepone).	Xuong-Thanh (Xienghom).
Thu'ong-Khé (Muong-Nong).	Balan (Pha-lan).
Mu'ong-Vang (Chau).	Mu'ong-Bong (Nam-Nau).
Mu'ong-Chang (poste).	Tam-Bong (Mu'ong-Phong).

Les 9 cantons Moïs. — Les villages Moïs furent agglomérés en 9 cantons, savoir :

Ogiang.	Lang-Ha.
Tam-Linh.	Lang-Thuân.
Le Miet (ou Lambui).	Adi.
Lang-Sén ou Lang-Liên.	Tam-Thanh.
Viên-Kiêu.	

Ces 9 cantons comprennent 67 villages Moïs. Le Phu (préfecture) de Cam-Lô (province de Quang-Tri) est le centre et le siège administratif de la région, dont le croquis spécial ci-joint montre la configuration.

Une route de deux à quatre mètres de large reliait ce centre et ce marché annamites au grand fleuve du Mékong par Mailanh, Lao-Bao et Na-Bon d'une part et par Lam-Bui, Lang-Sén et Xuong-Thanh, d'autre part. Sous les ordres du Phu (préfet) de Cam-Lô, un huyen (sous-préfet) était installé à Na-Bon, puis à Lao-Bâo, puis à Lang-Con et a été supprimé de fait en 1885. Au moment même où s'achevait l'organisation du roi Minh-Mang, sa dislocation commença.

Destruction du royaume de Viên-Chan. — A cette époque, cette région était, en effet, vingt fois plus peuplée qu'aujourd'hui [1] ; mais elle fut ravagée par les Siamois après la destruction du royaume de Viên-Chân (Nam-Chu'ong), fondé au XIIIe siècle, qui s'étendait de Nong-Kay jusqu'à La-Khôn et était limitrophe avec le pays Tiêm. Sous le règne de Minh-Mang, et jusqu'en 1827, ce royaume de Viên-Chân était tributaire de l'Annam, tout en ayant dans sa propre vassalité plusieurs principautés et des colonies comme Oubôn et Bassac. Ce point, simple poste frontière du Viên-Chân en 1641, était devenu chef-lieu de principauté en 1712 et resta indépendant jusqu'en 1767. Le roi de Siam, en 1827, prit ombrage de la puissance du Viên-Chân,

[1] Voir *Les frontières de l'Annam-Tonkin avec le Siam et la Birmanie*, par Ch. Lemire (1885), *Les Relations du Cambodge avec l'Annam, le Siam et la France*, avec une carte, par le même auteur (1879), Challamel, éditeur, Paris.

fit la guerre à son roi Anone, et le défit. Anone se réfugia au Trân-Ninh et fut envoyé à Vinh, en Nghê-An. Le gouverneur annamite le renvoya à Xien-Quang (chef-lieu du Trân-Ninh), avec des troupes annamites commandées par Van-Tuong, qui fut battu par les Siamois et s'enfuit. Anone fut livré aux Siamois qui ruinèrent le pays, pendant que les troupes annamites ravageaient le Trân-Ninh, dont le prince fut décapité pour avoir livré au Siam le roi vaincu.

Le royaume de Viên-Chân n'existait plus (1828). Le Siam et l'Annam firent la paix. La rive droite du Mékong fut acquise au Siam ; mais les principautés de la rive gauche, Trân-Ninh, Cammôn, Cam-Keut, Tran-Biên, le pays des Tiêm, les neuf châus, etc., restèrent définitivement la possession du roi d'Annam. L'aîné des fils du roi vaincu fut rétabli dans sa capitale du Trân-Ninh en 1831.

Cependant le chef des châus (districts) de la rive droite, nommé Phuoc-Bo-Lam-Chieû-Mang, avait demandé, malgré ces événements, à continuer à faire partie du territoire annamite. Le roi Minh-Mang l'avait nommé en 1829 Dong-tri-phu du Phu de Lac-Biên. Ce Phu (préfecture) était rattaché à La-Khon, qui s'étendait sur les deux rives du Mékong et payait, depuis Gia-Long, le tribut triennal à Hué entre les mains du gouverneur du Hatinh.

Les Siamois continuèrent leurs ravages en redescendant le Mékong sur la rive gauche. Ils soumirent trois des 9 Châu-Tiêm, ceux de Mu'ong-Bong, Tambong et Balang, et emmenèrent sur la rive droite et jusqu'à Bangkok une grande partie des habitants des six autres châus. Dans leurs chants et leurs dialogues du soir, accompagnés en sourdine par les khên[1], les Tiêm racontent les terreurs et les misères de cette époque sanglante.

La vallée du Sé-Ban-Hien fut en partie visitée en 1867 par M. de Lagrée : « La domination annamite, dit-il, s'était étendue jusqu'en 1831 sur toute la rive gauche du fleuve,

[1] Flûte de Pan à 16 tuyaux imitant l'orgue.

du 16° au 17° degré de latitude. Les populations de cette
zone payaient un tribut annuel à Hué. La route de cette
capitale au Mékong, à Kemmerat, était *très fréquentée par
les annamites*. De *nombreux échanges* commerciaux
avaient lieu avec les *laotiens.* »

Invasion siamoise dans les 9 châus. — « Les Siamois
attaquèrent sans provocation ces châus en 1831, furent
battus par les Annamites et poursuivis jusqu'au fleuve, en
face de Ban-Muc. Ils revinrent à l'improviste et enlevèrent
une partie de la population qu'ils transportèrent sur la
rive droite. Les Annamites ne voulurent pas recommencer
la lutte dans un pays devenu désert. Alors les Siamois y ramenèrent des habitants venant d'Oubon, de Kemmarat, etc. »

Dans le haut de la vallée, un chef annamite était resté
auprès de chaque chef de châu laotien. Cette région était,
paraît-il, autrefois une province du Ciampa et de là vient
peut-être que les habitants se nomment encore aujourd'hui
Tiêm (ou Tiams ou Kiams).

Le roi Tuduc rappela en vain à lui les trois châus
usurpés; mais il s'efforça de conserver l'administration des
six autres restés en sa possession jusqu'en 1885.

Nouvelles usurpations siamoises. — Profitant de nouveau des troubles survenus en Annam, le roi de Siam
envoya quelques soldats occuper le Trân-Ninh, puis les six
châus Tiêm, au mépris de tout droit, et depuis lors il refu-
sait de les restituer à leur souverain légitime.

Postes franco-annamites. — En février 1892, un poste
franco-annamite fut installé à Ai-Lao, sur l'emplacement
même du pénitencier que l'administration annamite y avait
entretenu jusqu'en août 1885. Le premier poste siamois
était à trois heures à l'ouest de ce point, à Ho-Xang, sur la
Tchepone.

Un autre poste franco-annamite fut établi le 1er septembre à Axoc, sur la route de Tabang, afin d'empêcher

de nouveaux empiètements de la part des Siamois. J'avais
été envoyé dans la région pour rendre compte de la situation et j'arrivai à Cam-Lô le 28 août.

Les sables de la route. — J'avais suivi de Dong-Hôi à
Yen-Bua la route mandarine. La marche dans les sables de
Quang-Xa fut pénible. Le thermomètre marquait 35° à
l'ombre. Les porteurs urinaient sur leurs pieds pour empêcher la peau de se gercer.

Marché de Cam-Lô. — J'assistai le 29 au marché principal de Cam-Lô, qui a lieu six fois par mois. Il y avait
environ 1.500 personnes. Les éléphants, les buffles et bœufs
s'arrêtent aux environs, avec leurs charges, et pour servir
aux échanges.

Avant l'occupation siamoise, les habitants des 9 châus
Tiêm venaient eux-mêmes à Cam-Lô. Ils ont cessé de s'y
rendre par ordre des Siamois, depuis quatre ans. Ils sont
obligés de se servir des Moïs comme intermédiaires; car il
n'y a aucun marché dans la région des *Tiêm*, nom que les
Annamites et les Moïs donnent à l'ensemble des 9 châus,
dont les habitants (Pou-Thai ou Pou-Euns) sont distingués
des laotiens, qu'ils appellent *Lao*.

Il résulte de cet état de choses que les Tiêm, comme les
Moïs, ont tous leurs intérêts dans la région annamite, vers
Cam-Lô; de là leur attachement motivé pour la terre
d'Annam où est le seul débouché de tous les produits et le
seul lieu de leurs échanges. Les Moïs y achètent même de
seconde main leurs propres manteaux. Depuis Axoc au
nord-ouest jusqu'à Mailenh au sud-est, tous les Moïs,
hommes et femmes, viennent au marché de Cam-Lô. Il y
a parfois jusqu'à vingt éléphants dans le voisinage, les
entraves aux pieds.

Le marché a lieu sur une grande pelouse gasonnée au
carrefour des routes et à proximité d'un bouquet de grands
arbres. Il est en voie de développement grâce à la suspension des douanes forestières, que le roi d'Annam vient fort

heureusement de supprimer par un remarqable édit provo-
qué par l'administration du Protectorat français. Maintenant qu'ont cessé les prohibitions siamoises, ce marché
prend un grand essor. Les abris en paillotes sont nombreux ; mais ils étaient tellement encombrés que les marchands et les Moïs avaient envahi le dinh (pagode commu-
nale) pour éviter le soleil ou la pluie. Les abris ont dû être
prolongés et le marché approprié pour que la circulation y
soit plus facile.

De riches gisements de fer sont exploités à Chu-Kiét, à
3 kilomètres de Cam-Lô. C'est là qu'on fabrique les ustensiles de culture et de ferme.

Les canons de Tan-So. — Les pièces de canon venant
du col fortifié de Tan-So, où il y en avait quatre-vingt-
douze, sont remisées à Cam-Lô. Il y en a de fort belles
dont plusieurs mal enclouées.

Quand le gouverneur général, M. de Lanessan, est venu
à Cam-Lô, en avril 1892, on avait placé une de ces pièces
devant la case qu'il habitait. Depuis lors, le tube de bronze
faisait entendre un grondement qui semblait plus fort la
nuit. « Le génie du tonnerre, disaient les soldats annamites, était venu en même temps que le gouverneur et
s'était logé dans la pièce. » Le Quan-Phu la fit enlever et
mettre au fond de la salle de réception. La bouche du canon
s'y trouvant à l'abri des vents régnants, le grondement a
cessé depuis lors.

On sait que les neuf grosses pièces ouvragées qui sont
au palais de Hué portent chacune le nom du génie qui s'y
est logé pendant la fonte.

Convois. — Les chaises à porteurs passent très difficilement dans les fourrés, les coudes brusques, les montées
et descentes. Il faut se contenter du filet annamite avec
montant courbe, comme en ont les mandarins, et de simples
palanquins pour les malades. Les habitants savent du reste
confectionner des treillis de bambou sur lesquels on place

l'homme à porter. On attache étroitement le treillis à un long bambou pour éviter le balancement. Deux feuilles de bananier sont placées au-dessus pour garantir du soleil ou de la pluie et on passe ainsi dans tous les endroits difficiles.

Il est indispensable d'emporter de la quinine, du thé, de l'ammoniaque, de l'acide phénique, et les médicaments les plus usuels, des bandes pour les plaies, une solution faible de bichlorure de mercure pour le cas où les piqûres de sangsues causeraient une hémorrhagie.

Les jambières en toile valent mieux que les houzeaux de cuir. Les guêtres sont plus nuisibles qu'utiles. Les vêtements de toile pour le jour et de flanelle pour le soir sont nécessaires, à cause des variations de température. L'humidité nous forçait à entretenir du feu la nuit dans les cases ouvertes à tous les vents. Il y a du reste un foyer carré au milieu de chaque pièce.

Les chevaux annamites sont fort utiles en terrain plat. On leur fait passer en main les endroits difficiles.

Les bagages ne doivent se composer que de valises ou caisses de 20 kilos pouvant se porter à dos. Les hottes moïs sont fort commodes et leur couvercle en pointe les met à l'abri de la pluie. Le riz se porte en paniers d'un demi-luong (15 kilos).

Les éléphants se louent 70 cents par jour et par tête avec deux cornacs. Ils ne font que 1.200 mètres à l'heure. Le bât est très petit. On garnit l'arrière avec une hotte ou une valise pour servir de dossier ; de même sur chaque côté on place des couvertures repliées, on en met une au fond et sur les bords du bât, sous les genoux, et l'on se tient assis ou accroupi dans le bât et en travers.

On monte soit par une échelle soit par la plate-forme d'une case, en passant sur la tête de l'animal, soit en se hissant sur le genou de l'éléphant au moyen des amarres du bât. Il est bon d'avoir quelques coupe-coupe pour se débarrasser des lianes et de la broussaille.

Le voyage est facile par beau temps; mais par la pluie ou l'inondation les conditions de marche, de vitesse, changent totalement et les difficultés sont grandes. Il faut nécessairement aller à pied et ne pas craindre de se mettre dans l'eau, dans la vase. Des couvertures sont indispensables, ainsi qu'un manteau court et léger. Un solide bambou épointé soutient la marche. Les coolies doivent être munis de bambous fourchus pour supporter leur fardeau en changeant d'épaule et en passant les rivières.

Trois sentiers mènent de Cam-Lô au Mékong : L'un par Mai-Lanh, Lang-Con et Ai-Lao ; c'est celui du sud et le plus fréquenté. Un autre par Tam-Son, Adoa, Lambui, Lang-Sên et Xuong-Thanh ; c'est la route médiane. Un troisième par Màu-Hoa, Cugiong, Dagiung, Axoc et Tabang ; c'est la route du nord. C'est celle que nous suivons.

Départ de Cam-Lô. — Nous partons de Cam-Lô à 4 heures après midi, le 29 septembre, par temps chaud et sec. Nous traversons à 5 heures la rivière de Cam-Lô, large de 60 mètres, au village de Tung-Dué. Beaucoup de barques y sont réunies.

Màu-Hoa. — On laisse à gauche le village de Kim-Dau et l'on suit les rizières, puis l'on entre en plaine jusqu'à l'ancienne douane de Màu-Hoa, où il ne reste plus que la maison du nommé Tu, entourée de cultures. C'est la dernière case annamite. Les buffles y servent tantôt au labour, tantôt à l'exploitation des bois. La forêt commence un peu plus loin. Nous campons là pour la nuit à 6 heures ; mais le sol où ont été déposés de vieux bois est infesté de cent-pieds (scolopendres) et plusieurs hommes piqués viennent se faire panser.

Laissant Màu-Hoa à 6 h. 30 du matin, nous entrons bientôt en forêt.

Xa-Luân. — Les mois de Xa-Luân, village qu'on aperçoit dans la feuillée à droite, viennent m'apporter des rotins façonnés en cravaches et me raconter que si leur village ne compte plus que trois familles c'est à cause de la perte de leur éléphant, valant 12 nén[1].

Un éléphant pour une femme et six buffles. — Les gens du village de Câu-Bai, au-delà d'Axoc, le leur ont enlevé en remboursement de la valeur : 1° de six buffles, qu'ils avaient achetés et n'avaient pas payés, et 2° d'une femme Moï cédée au vendeur et reprise ensuite par son village. Le sous-chef de canton a promis de régler cette affaire, mais il est douteux qu'il y parvienne jamais.

Relations entre les Moïs des deux versants. — Le fait à en retenir c'est que les Moïs du versant annamite entretiennent d'étroites relations avec ceux du versant du Mékong; qu'ils s'allient aux Tiêms de cette région; que pour eux il n'y a pas deux régions, pas de ligne de partage; qu'ils considèrent comme leur pays le vaste espace de 40.000 kilomètres carrés entre Cam-Lô et le Mékong, du Sé-Bang-Fay au Sé-Don.

Bien plus, des villages du canton Moï de Lam-Bui (les Annamites disent La-Miêt), des cantons de Lang-Sên et de Viên-Kieù, des hameaux de A-Doa sont situés sur les deux versants, dans la partie centrale où les sources des rivières des deux bassins se rejoignent et se touchent presque. Comment dès lors séparer des tribus Moïs, des cantons, des familles, des cultures, et en attribuer une partie au Siam et une à l'Annam ? ou comment les faire émigrer tous dans l'un ou l'autre bassin ?

Organisation des Moïs par l'administration annamite. — Nous avons dit que le gouvernement annamite avait organisé, depuis le règne de l'empereur Gia-Long jusqu'à la neuvième année de Minh-Mang, ces tribus en cantons (tong) comprenant des villages (lang) et des hameaux (âp). Les Moïs ne pouvaient que se soumettre à

[1] Un nén est un lingot d'argent valant 15 piastres ou 50 francs.

cette division ; mais ils ne l'ont pas acceptée. Depuis que
les liens étroits de la surveillance annamite se sont relâ-
chés pour faire place à l'indifférence, à l'ignorance et à la
répulsion des mandarins pour ces pays, les Moïs, qui ont
l'habitude de désigner les villages par le nom du chef
héréditaire, ont fait de chaque village un canton analogue
à la tribu et tous les chefs sont appelés *tong* et conservent
en fait l'autonomie de leur tribu ; ils ont ainsi tourné la
difficulté qui les gênait.

J'ai dû insister pour qu'ils avouent qu'ils n'étaient ni
tong, ni pho-tong et qu'ils dépendaient réellement de tel ou
tel canton.

Le fait est que les tongs ou les pseudo-tongs ont d'autant
plus d'autorité qu'ils possèdent plus de membres dans la
tribu, plus de ressources en buffles, éléphants, cultures.
Le nom importe peu à la chose, chaque chef de village
reconnaissant l'autorité de l'Annam sans conteste. Depuis
Tu-Duc, l'administration annamite semble s'être désinté-
ressée de la question. Tous les tongs, pho-tongs et chefs
d'importants villages n'ont que les brevets de nomination
délivrés à leurs pères. Aucun n'a, depuis Minh-Mang et
Thiêu-Tri, été renouvelé depuis lors.

C'est une organisation à rétablir dans l'ensemble et à
suivre avec soin.

Les Annamites ont employé pour soumettre les Moïs les
mêmes moyens que les Chinois pour les peuplades placées
sous leur domination. Leurs agents, hommes énergiques
et persévérants, leur ont fait comprendre leur supériorité
en se disant « les envoyés du Fils du Ciel ». Ils leur ont
insinué que tout ce qui émane de lui a une valeur autant
religieuse qu'administrative, et que tout bâng-câp (brevet
de nomination) est un précieux talisman ; que l'obéissance
est due au Roi céleste sous peine de s'exposer à des fléaux
qui seraient les châtiments du Ciel irrité, de sorte que les
Moïs craintifs ont placé ces bâng-câp sous la garde du

village, n'y touchent jamais, ne les sortent qu'avec l'assentiment de la tribu réunie et à la suite du sacrifice d'un buffle et sur un ordre du grand mandarin de la région. Si l'on ajoute à ces considérations qu'ils étaient astreints à des cadeaux, à de longs voyages; qu'ils étaient parfois mal reçus; qu'on leur demandait de laisser croître leurs cheveux, de quitter le manteau et le pagne pour la robe et le turban, de faire les salutations (laïs) à genoux, chose à laquelle il restent, malgré eux, gauches et inhabiles, on comprendra que l'administration annamite soit devenue lettre morte depuis plus de trente ans. Mais les relations de commerce entre le peuple annamite et les peuplades Moïs n'ont jamais cessé, et c'est ce qui explique comment la forte et sévère organisation de Minh-Mang, qui avait mis un huyen à Lang-Con, ait conservé dans la pratique tous ses bons effets.

Il faut dire aussi que jusqu'en 1885 l'administration annamite a été représentée plus ou moins convenablement à Lao-Bao et n'a fait que resserrer le trait d'union entre cette région et le Phu de Cam-Lô. Sans cette interruption, due à diverses causes, la colonisation annamite se serait étendue de Cam-Lô aux châus des vallées du Mékong.

Cu-Giong. — Nous arrivons à Cu-Dong (Cu-Giong). C'est un village de huit familles et cinq cases. Il possède un petit éléphant femelle, très dur à monter et qu'il me loue.

Bancs de roches. — Nous passons au gué du Thach-Cac. Ce cours d'eau vient de Lam-Bui et forme plus bas le Rau-Quan qui se jette près de Maï-Lanh dans la rivière de Quang-Tri. Nous sommes suivis par une nuée de taons. Les sangsues de terre nous dévorent, malgré les jambières, les jambes et les mains.

La forêt. — La forêt est superbe : les grands arbres, au tronc droit de 50 mètres sous branches, sont innombrables et entremêlés de lianes gigantesques, de cycas, de kentias, d'orchidées, de lataniers, de rotins, de fougères variées dont quelques-unes sont arborescentes, mais à feuille étroite. Les arbres à huile (cay-dau), les caoutchoutiers, les essences odorantes abondent. Rien ne trouble le vaste silence de ces forêts, si ce n'est une sorte de cigale noire qu'on voit sur les troncs d'arbre et dont les hélitres font un bruit de trompettes. Les paons sont nombreux, mais seulement auprès des cultures.

L'eau du Song-Câc est très claire, mais des petits poissons voraces se jettent sur nos jambes nues. Nous campons la nuit à la lisière du bois, sur des blocs énormes de rochers qui ont fait donner ce nom au gué.

Le lendemain 31, nous passons le Rau-Câc quatre fois et nous faisons halte à Lang-Câc qui comprend deux hameaux.

Les douze gués du Rau-Câc. — Nous repartons à midi et nous passons huit fois le Rau-Câc. Le sentier est très bon. L'ascension se fait à pied depuis Xa-Luan et se continue jusqu'à Da-Dung (Gia-Giung). Il y a quelques mauvais passages et surtout beaucoup de sangsues, bien que le temps soit sec ; mais dans la forêt le sol est toujours humide.

Le Song-Câc et les ruisseaux qui le forment coulent sur un lit de galets et de roches noircis par les matières en suspension dans l'eau. Dans les cuvettes et les bas-fonds où l'eau est stagnante, sa couleur est toute noire. Les Moïs boivent impunément l'eau de leurs ruisseaux. Je demande aux Annamites pourquoi cette eau leur fait mal et non aux Moïs. « C'est parce que les Moïs, me dit l'un, sont noirs et les Annamites sont blancs ! »

Un jeune Annamite, nommé Nghièn, interprète pour les langues siamoise, annamite et française, récemment arrivé de l'École coloniale de Paris, marchait en complet bleu très élégant, son ombrelle à la main. Il trébuche sur les galets, tombe dans un trou et y laisse en partie

2

son pantalon collant. L'incident l'égaye comme tous ses compagnons et il reprend la marche, sans fond de culotte, et plus exposé aux sangsues qui en profitaient.

Ce jeune homme de 25 ans, très intelligent et très vaillant, avait gagné la sympathie de tous. Il avait passé quatre ans à Bangkok et trois ans en France. Il était en état de rendre à l'administration annamite des services spéciaux. Peu après son retour à Hué, il fut emporté par un accès pernicieux. Il est juste de rendre hommage à ses qualités qui nous font déplorer vivement sa perte si prématurée.

Da-Dung. — Nous passons à 4 heures à l'ancien Da-Dung qui est abandonné. Les hommes et les femmes détournaient une branche du Song-Câc pour capter le poisson. Ils ont des filets de pêche, des éperviers.

L'ancien Da-Dung comptait quatorze cases. Il a subi au mois de mai une épidémie, qu'ils disent être la variole et que je crois être l'influenza, qui sévit dans beaucoup de villages Moïs et Laotiens en ce moment. Ils ont reconstruit le village dans un cirque de montagnes boisées, dominé par un pic appelé Co-La-Som, qui précède le massif du Dong-Nai.

Ressources du pays. — Leurs cultures sont nombreuses. Ils ont trois éléphants. Les porcs, les volailles et les œufs abondent dans tous les villages. Ils élèvent des buffles pour les vendre et pour les sacrifices, mais ils ne les font pas travailler. Ils n'ont pas de bœufs et donnent pour prétextes que les bœufs détruiraient les cultures, tandis que les *Tiêm* en élèvent un grand nombre qu'ils vendaient naguère à Cam-Lô et à Quang-Tri. Ce commerce a repris en juin 1893.

Pas plus qu'à Cu-Dong, je n'ai pu me procurer de riz, et les porteurs sont nourris au maïs, qu'il faut faire griller ou bouillir, ou écraser en arrivant à l'étape. C'est une maigre subsistance pour une marche en montagne avec des fardeaux.

Ces villages ne sont pas palissadés comme chez les Moïs

du Binh-Dinh et du Quang-Ngai. L'entrée n'en est pas défendue par des barrières. Les cases sont ouvertes à tous. Les habitants sont très accueillants. Ils viennent au devant de moi. Les femmes apportent l'eau et le bois et pilent le maïs et le riz gluant (nép). Les chefs et notables revêtent aussitôt la robe et le turban. On voit qu'ils sont en partie annamitisés.

Nous quittons Da-Dong et nous continuons à gravir le Dong-Nai, après avoir passé trois fois le Song-Ca et deux de ses affluents, puis quatre fois ses sources.

Le Dong-Nai. — Nous sommes à 9 heures 30 au sommet de la chaîne. Le vieux chef de Da-Dung (Gia-Giung), qui nous guide, s'arrête et dépose sur un tas de pierres une branche de feuillage en faisant sa prière aux génies de la montagne. A son retour, il fera de même, en ajoutant une pierre au tas qui borde le sentier. Celui qui ouvre la marche fait de même à chaque voyage, à l'aller et au retour.

Cette coutume qu'ont les passants et les voyageurs de jeter des pierres, des débris de poterie au pied des rochers, des gros arbres, des édifices qui marquent une délimitation de territoire ou de frontière, date de l'an 40 après Jésus-Christ.

Les Chinois, sous la conduite du général Ma-Vien, ayant défait les Annamites (Giao-Chi), commandés par les deux sœurs Trung-Trac et Trung-Nhi, les héroïnes de la guerre de l'indépendance, firent élever une colonne de bronze à la frontière avec cette inscription : « Quand cette colonne disparaîtra, la race des Giao-Chi disparaîtra. »

Les Annamites s'empressaient de la consolider au pied ; mais elle disparut probablement sous le monceau de pierres qu'on y avait accumulées[1].

Des soldats laotiens avaient rétabli le poteau-frontière siamois, renversé en mars dernier. On l'abat de nouveau en laissant les deux mauvais abris voisins.

[1] *Annales annamites.*

Les Moïs feront savoir aux Laotiens au service du Siam, s'ils reparaissent, que ce poteau a été abattu par les soldats annamites le 1ᵉʳ septembre 1892 et ne doit pas être relevé.

Bassin du Mékong. — Nous descendons la chaîne par un sentier abrupt, coupé d'ornières vaseuses, et nous abordons les sources de Ké-Ca-Dam à 11 heures.

C'est un affluent du Miên-Hiên. Il forme au gué un beau bassin entouré de roches, et nous y campons une heure. Nous sommes dans le bassin du Mékong.

Le Ké-Ca-Dam. — Nous traversons pour la troisième fois le Ké-Ca-Dam, devenu une rivière, la Miên-Hiên, dont le courant est violent. Nous avons de l'eau au-dessus des genoux et la largeur est de 20 mètres. Après la septième traversée, elle est de 40 mètres.

Nous avons devant nous le pic de Co-Rai, et nous arrivons à Axoc à 3 heures. La pluie tombe depuis le 31.

Axoc. Le chef Lôi. — Nous logeons dans les cases du chef *Lôi* (Tong-Lôi), homme influent et très serviable. Il est connu de tous les villages. Les Moïs de Da-Dung qui m'avaient loué deux éléphants repartent le soir même. Ils ne craignent pas de voyager la nuit et connaissent tous les sentiers de la forêt.

Le chef du village de Trac, entre Axoc et Man-Truong, vient également, ainsi que celui de Cha-Pou, qui est au pied du Dong-Ba-Rai.

Nous visitons, malgré la pluie, l'ancienne installation des Siamois. Elle est à 500 mètres du village, sur l'autre rive du Miên-Hiên.

Les Moïs n'ont jamais laissé les Laotiens agents du Siam s'installer dans leurs villages. C'est un mauvais abri pour une quinzaine d'hommes. Il est abandonné et délabré, et il commandait à un coude de la rivière la route de Ta-Bang, qui est très bonne. Ce campement a été emporté quelques jours après par la crue des eaux.

Il faut un jour pour atteindre Ta-Bang. Un poste franco-annamite fut établi sur un plateau déboisé, à l'abri de l'inondation, sur la rive droite du Mièn-Hièn, avec vue d'un côté sur la route et la vallée de Ta-Bang, en face d'un double pic, le Dong-Ba-Rai, très reconnaissable, et, d'autre part, sur la route de Cam-Lô, par Da-Dung, à l'est. C'est à 300 mètres du village. En présence des chefs Moïs, le pavillon est salué d'une sonnerie et d'une salve de vingt-cinq fusils, qu'on entendait à Ta-Bang à cause de l'extraordinaire écho des montagnes bordant la vallée. Ce poste fut supprimé après l'évacuation siamoise.

La Mièn-Hièn. — Nous partons le 3 septembre pour Trac et Mang-Truong. Nous passons trois fois la Mièn-Hièn gonflée par les pluies.

Les deux premiers passages sont torrentueux et dangereux pour le convoi. De nombreux Moïs m'accompagnent. Deux d'entre eux et le guide Khoan traversent, à l'aide de perches, la rivière, large de 30 mètres, et je leur fais établir un va et vient avec de fortes lianes. Le chef Loï nous rejoint avec sept éléphants et nous conduira à Lang-Sên. Dans la forêt de bambous femelles, qui semble impénétrable, s'ouvre un sentier qui longe le torrent ou en suit le cours.

Défilé de rochers. — Nous faisons l'ascension de la montagne Trac par un sentier de glaise vaseuse très pénible et, à dix heures, nous descendons au village de Ta-Voag, comprenant six familles. Nous traversons des défilés formés de hautes murailles de roches noires, sous la grande futaie, où le soleil n'a jamais pénétré. C'est un passage très accidenté, où les roches pointues retardent la marche et où l'on peut craindre les embuscades d'un ennemi ou des fauves. En sortant de ce sombre et étroit couloir il faut gravir un contrefort à pic, taillé en escalier tortueux. Les éléphants y grimpent comme sur une échelle en s'aidant de la trompe. Les cornacs les excitent de leurs cris et de leurs crocs.

Les sifflements du vent, le bruissement de la pluie, le

craquement des branches brisées par les éléphants, leurs barètements sourds et les cris des cornacs m'empêchaient d'entendre un garde civil qui était tombé pris par la fièvre. Je fais décharger les éléphants et j'y place le milicien, les couvertures et les sacs de cartouches des hommes. Les Moïs servent de porteurs pour le reste. Sur nos trente coolies annamites, dix-huit ont fui malgré la surveillance et bien qu'ils soient maintenant nourris avec du riz.

Le passage est étroit, et les cornacs frappent de leur croc les arbres entre lesquels le bât des éléphants doit passer à un centimètre près sans toucher. Les fourmis rouges et les sangsues d'arbres tombent des branches secouées. Le froid humide nous saisit. Nous sortons enfin de ces rochers aux arêtes pointues et, à midi, nous entrons sous une voûte de roseaux ayant deux fois la hauteur des éléphants.

A la descente, nous retrouvons des rochers aux arêtes aiguës, puis un terrain vaseux et une percée dans une forêt de bananiers sauvages de 10 mètres de haut, si serrés que les troncs en sont noirs et pourris.

Trac. — Nous trouvons le village de Trac abandonné parce que le tigre avait enlevé un habitant. Les Moïs refusent de détruire ce fauve parce que ses mânes se vengeraient, disent-ils, de ceux qui l'auraient tué.

Nous passons le ruisseau de Trac ; il reste trois maisons de ce village entre les deux gués. Nous entrons alors dans des espaces déboisés autrefois cultivés et maintenant abandonnés, selon l'usage des Moïs, qui ne font qu'une ou deux récoltes au même lieu.

Nous franchissons deux fois la rivière de Ta-Rung, qui a 10 mètres de large, et nous passons au beau hameau de ce nom, qui dépend de Man-Truong et qui est peuplé de quatre familles.

Man-Truong. — La halte de nuit a lieu à Man-Truong, beau village dont le chef se nomme Dô. Il dépend, comme Axoc, et un peu malgré lui, du tong de Tam-Linh. Des gens du canton de La-Miét (Lam-Bui), du village de Lang-Tré (canton de Lang-Sên) et de Lang-Hô sont venus demeurer à Mang-Truong, où ils se sont mariés, et rester, selon l'usage, chez leurs beaux-parents jusqu'à la naissance de leur premier enfant.

Ce village est en voie de développement. Il possède vingt buffles, quinze cases, mais pas d'éléphants. Il y a, paraît-il, quelques rhinocéros entre Trac et Man-Truong ; mais nous n'avons aperçu aucune trace. Le temps est si mauvais que les animaux (singes, cerfs, sangliers, etc.) ne sortent pas de leurs repaires.

Nous repartons le 4 et nous passons le Khé-Ta-Rung, puis deux fois la rivière du Man-Trung. Une ascension et une descente pénibles durent une heure et demie. Les éléphants avancent tantôt à genoux, tantôt en glissant dans des ornières de vase.

La Sé-Mu. Xa-Dôn. — Nous longeons ensuite d'importantes cultures et nous suivons la vallée de la Sé-Mu, la plus grande rivière de la région, qui reçoit la Tchêpone et la Khé-Seri. Nous la franchissons deux fois avant d'atteindre le hameau de Xa-Dôn, dont le chef se nomme Cha-Vang. Ce village se compose de dix familles, de dix buffles et un éléphant. Il est situé sur les bords de la Sé-Mu, qui a quarante mètres de large et une grande profondeur. Elle se divise en deux bras devant Lang-Hô.

Lang-Hô, Le Moî Gam. — Malgré la pluie, le vieux photong Gam de Lang-Hô vient au-devant de moi avec le maire (Xa) du village. Gam est en turban noir et robe de cour en satin prune à dessins ronds brochés. Elle est percée aux coudes, mais c'est une relique qu'on ne raccommode pas ; c'est un don qu'a fait à son grand-père le roi du ciel Thiêu-Tri, qui lui a remis un brevet renouvelé il y a dix ans.

Ce village comprend quinze familles. Il possède quinze buffles et dix éléphants. Il est du canton de Lam-Thinh. Tous ces chefs parlent l'annamite, sont pliés aux

formes annamites ct ne connaissent qu'un centre administratif et commercial depuis plusieurs générations : c'est
Cam-Lô.

Ce phô-tong avait fait, en mars dernier, une case sur
pilotis pour les fonctionnaires français ou annamites de
passage. Trois Laotiens-Siamois sont venus en juillet et
l'ont abattue. Il en a fait une autre.

Chûtes et cascades. — Nous passons trois fois la Sé-Mu
au-dessus des rapides. Un hameau de Lang-Hô, comprenant sept cases, est établi sur ses bords. La rivière sort de
gorges profondes. Le quatrième passage a lieu sur d'im-
menses blocs de rochers entre lesquels l'eau se déverse en
violents tourbillons. Puis nous franchissons deux branches,
dont l'une à droite forme un large rapide et l'autre à
gauche une belle cascade qui s'engouffre dans un étroit
couloir, entre deux murailles de rochers. Les deux cascades se rejoignent et projettent sur les roches l'écume de
leurs eaux soulevées, avec un bruit de tonnerre ; c'est un
site à la fois sauvage et pittoresque.

Devant le rapide bouillonnant que nous avons à traverser, les éléphants se dérobent et grondent. Il faut les ramener avec le croc, les exciter. Si les amarres en rotin des
bâts cassaient, nous serions jetés dans les précipices et
engloutis. Nos bêtes ont de l'eau jusque sur le dos. Ce
rapide a 60 mètres de large, il coule de l'est à l'ouest,
puis au sud, puis à l'ouest. Nos porteurs sont munis de
rotins et de bambous.

Nous pénétrons dans une belle vallée entourée de montagnes boisées avec des défrichements. Cette descente est
longue et à pic et l'on est horriblement secoué. On suit le
lit d'un ruisseau qui conduit au village de Tu-Huê, composé de seize familles. Une autre montée et une descente
se font sous une brousse épaisse. Du haut de la crête, on
domine une autre vallée très encaissée, au fond de laquelle
est Lang-Sén.

La Sè-Mu, large de 60 mètres, forme deux branches. L'une est barrée naturellement par des rochers; devant l'autre, les Moïs ont amoncelé une barrière de grosses pierres maintenues par des liens, de façon à retenir le poisson en deçà de la chute d'eau, dans un bassin artificiel formé par un coude brusque de la rivière.

Lang-Sèn. — Lang-Sèn est un important chef-lieu de canton, dont le vieux chef nommé Khé est très bien disposé et très serviable. Il paie de sa personne et a rendu des services aux Français qui ont déjà passé par son village. Il me dit qu'il est content de mettre son village, ses hommes, ses éléphants à ma disposition, et qu'il ne demande aucune rétribution; qu'il désire que nous soyons contents de lui.

Les sauvages. — On a désigné les Moïs sous le nom de « sauvages ». Les Da-Vach du Nam-Ngai sont en effet des gens farouches, et pour cause; mais il n'en est pas de même dans cette région.

Si l'on entend par « sauvages » des hommes à peu près nus, tous les Moïs méritent cette dénomination; mais les Pou-Euns, les Tiêms sont vêtus. J'en ai vu avec des vestons blancs européens. Contrairement aux constatations faites par M. de Lagrée en 1867, M. Harmand n'a rencontré dans cette région (en 1877-1878) que de « vrais sauvages » sans trafic, sans relations avec les Annamites, sans communications avec l'Annam; il me semble avoir été trompé à dessein. Pourquoi le gouvernement annamite aurait-il fait percer deux routes si elles ne pouvaient servir à aucun commerce ni à aucune relation? Le messager de l'explorateur parvint auprès de l'évêque français de Xa-Doai, près de Vinh, mais fut assassiné au retour, probablement par ordre du commissaire siamois de Ou-Bon. Comme le rappelle M. de Lanessan[1], M. Harmand fut égaré, le vide se fit devant lui, les sentiers furent obstrués; on

[1] *Expansion*, 479 et 500. Peuplades, frontières.

lui cacha les routes, le trafic, et on le laissa en présence de Moïs et de Pou-Thays muets de peur.

Les Pou-Thays sont une branche des Laotiens. Les *Moïs* sont les *Khas* ou Sas, et les habitants des chaus ou muongs sont des *Pou-Euns*, qui ne se distinguent de ceux du Trân-Ninh qu'en ce qu'ils se nomment *Tiêm*. Les Annamites appellent ces peuplades les *Thos*. Quant aux Moïs sauvages, ils occupent les sources du Sé-Don (Saravane), du Sé-Cong (Attopeu) et celles du Bla, c'est-à-dire l'ouest des provinces de Tourane, Quang-Ngai et Binh-Dinh.

Ainsi, l'on ne peut plus actuellement faire état des données économiques recueillies il y a 17 ans dans ces parages, où M. Harmand éprouva mille difficultés dans son intrépide exploration, qu'il réussit à mener à bonne fin, malgré Siamois et Annamites.

Productions et objets d'échange. — Le développement de notre action matérielle et morale dans la région prouvera qu'il y a toujours eu, jusqu'en 1886, des échanges, des relations sociales, commerciales, administratives, entre la rive gauche du grand fleuve et l'Annam ; entre le phu de Cam-Lô et sa frontière riveraine du Mékong, reliée par des fortins à ce centre administratif et commercial. Concevrait-on que les Tiêms et les Moïs vinssent nous réclamer aujourd'hui le rétablissement de relations qui n'auraient pas existé ou qui leur auraient répugné? Quant aux produits, en voici la liste sommaire : nép, riz blanc, maïs, cardamome, fruits, gomme, résine, torches, cire, miel, dépouilles de buffle, cerf, bœuf, éléphant ; écorces, rotins, bétel, teinture, cunau, vo-man, arec, porcs, buffles, volailles, bœufs, œufs, ramie, coton, murier, soie, étoffes, vannerie, bambous, bois d'essence, huile, mangues, oranges, etc. On échange ces produits contre du sel, du poisson salé, du nuoc-nam, des marmites en cuivre, des ustensiles en fer, des nattes, des étoffes, des couteaux, boutons, etc., etc.

La culture du tabac ne réussit pas ; l'humus étant trop

riche, les feuilles se pourrissent avant maturité. La canne
à sucre est cultivée dans les jardins.

Tabac, bétel et opium. — Le tabac, le bétel et l'opium
font l'objet d'une consommation de plus en plus active.
Est-ce un bien ? Est-ce un mal ? Dans les longues marches,
l'arec et le bétel qui activent la salivation sont un réel
besoin. La grosse cigarette roulée dans une feuille de
tabac ou dans un morceau de feuille de bananier, ou la
pipe, qui est d'ailleurs à petit fourneau, trompent la faim.
L'opium endort les organes digestifs et calme les dou-
leurs. Pris à petite dose, les indigènes, les Laotiens, les
Annamites le considèrent comme salutaire. Aussi le meilleur client de la ferme d'opium au Quang-Tri est le débitant
de Cam-Lô. C'est un vieux Chinois, marchand de thé, phar-
macien, banquier, le seul heureusement qui soit établi à
Cam-Lô.

Les Tiêms, comme les Moïs, ne boivent que l'eau de leurs
rivières et connaissent à peine le thé. Il y a dans tous les
jardins de la citronnelle (cô-sả, andropogon shœnanthæus).
Tous les malades ont été mis au régime de citronnelle
chaude avec du jus de canne et un peu d'eau-de-vie de riz
ou de menthe poivrée qui pousse partout. C'est devenu
depuis mon passage dans la région la panacée et le remède
universel et économique pour femmes et pour hommes de
toute race et de tout âge. Si le remède ne les guérit pas,
du moins il est inoffensif.

Le Tong Loi d'Axoc nous quitte à Lang-Sên, en s'assu-
rant que nous y avions un relai de sept éléphants et en nous
disant qu'il a besoin d'être à Axoc. Il nous remet aux soins
de Khé et repart la nuit avec son monde et ses pachydermes.

Quant au Lai-Buôn (trafiquant annamite patenté), que le
Quan-Phu avait envoyé avec les coolies, il s'était éclipsé à
Man-Truông et son rôle d'intermédiaire a été inutile.

Le guide Khoan. — L'ancien pho-quan Bao-Khoan, qui
est notre guide, a toujours été vaillant et fidèle. Depuis

douze ans, il parcourt ces régions. Sa pipe d'opium le pré-
serve, dit-il, des fièvres. Il connaît tous les chemins, tous
les gués et tous les chefs. Ses qualités lui feront pardonner
. un passé aussi étrange que déplorable.

Il était pho-quan Baô (sous-chef) d'Ai-Laô et entre temps
il faisait avec les Tiêms et les Laotiens le commerce comme
lai-buôn. Il avise un jour au maché de Cam-Lô un Annamite
de 23 ans et lui demande s'il veut l'accompagner chez les
Moïs et les Tiêms pour y faire le commerce. Le jeune
homme le suit, ne se doutant pas qu'il serait lui-même la
principale marchandise. Khoan le vend pour *3 nén*
(45 piatres), environ 150 fr., à des Laotiens qui l'em-
mènent ; mais les parents du jeune homme, ne le voyant
pas revenir, se doutent du trafic dont il a été l'objet et
portent leurs réclamations devant le préfet (quan-phu).
Khoan avoue et, selon l'habitude des lai-buôn (trafiquants),
s'engage à aller rechercher l'esclave. Comme il avait dépensé
en opium les lingots d'argent et qu'il ne pouvait se procurer
cette somme, il offre d'emmener son fils avec lui, un garçon de 21 ans, bien fait, et de l'échanger contre celui qu'il
a vendu. Il part et retrouve son acheteur ; mais celúi-ci a
revendu son esclave *4 nén* à un autre maître, que Khoan
parvient à retrouver. Ce dernier acheteur l'avait cédé avec
bénéfice à un Laotien de la rive droite. Passer le fleuve, il
n'y fallait pas songer. Le père et le fils reviennent à Cam-
Lô et le père se constitue prisonnier.

C'est à la prison que le quan-phu le fit prendre pour me le
donner comme guide. Il partit avec son fils, qui le suivit
constamment portant en balance sur l'épaule deux jarres
contenant la provision de riz et de poisson pour leur voyage.
Le père conservait en bandoulière sa provision d'arec, d'o-
pium, ses ustensiles et sa pipe. C'est un homme de haute
taille, maigre, aux yeux creux, intelligents, la figure éner-
·gique, connaissant les hommes et les choses, les sentiers et
les villages, discipliné, payant de sa personne dans les mo-
ments difficiles, agissant sans bruit. Il est revenu avec son

fils qui ne l'a pas quitté un moment. C'est un exemple de la puissance paternelle en Annam, de la passion de l'opium, de l'astuce annamite et de l'endurance personnelle à la fatigue, qui rend ce guide fort précieux pour ceux qui ont à l'employer. Il pourra par ses services racheter et expier sa faute.

Tentative d'intrusion des Siamois. — Vers le 11 mars dernier, une trentaine de Siamois et Laotiens sont venus à Lang-Sèn pendant que quelques autres allaient à Man-Truong. Cette troupe se rendait à Adoa où elle a laissé vingt hommes pendant un mois. Le Tong-Khê et le Xa-Mon ont refusé de suivre les Siamois, de les laisser pénétrer à Lang-Sèn et de leur livrer comme impôt les buffles qu'ils réclamaient. Il y a eu discussions et menaces pendant un jour. Les Siamois, redoutant les Moïs, sont allés s'installer à quatre kilomètres de ce village et peu après se sont retirés. Ils ont reparu en 1893 et, au moment de leur expulsion définitive, en mai, ils ont brûlé le village.

Lang-Sèn compte vingt-cinq familles et plusieurs hameaux, une trentaine de buffles, six éléphants, ce qui, à 15 nèn en moyenne, représente 1.350 piastres, ou 4.400 fr.

Femmes Tiém et Moïs. — Il y a peu de femmes dans les villages moïs. Le nombre des hommes est bien supérieur. Les alliances sont difficiles et l'on me citait des jeunes gens moïs de 20 ans épousant des veuves âgées ou une concubine de leur père, après décès de celui-ci.

On sait que les chefs seuls ont le droit d'avoir plusieurs femmes. Il est curieux de rappeler ici l'un des préceptes publiés dans le royaume dès le xv⁰ siècle par le roi Lê-Hien-Tong (1498 : « Les mandarins administrant les tribus « récemment annexées (Moïs, Kiams, Thos, Pou-Euns, etc.), « devront leur inculquer les vrais principes inspirés par « le ciel en leur défendant d'épouser les femmes et les « concubines de leurs parents défunts[1]. » Il faut croire que depuis lors cet état de choses a subsisté dans les tribus.

[1] *Truong-Vinh-Ky* (hist. annamite), II, p. 34.

Les femmes tiêm dans leur village, sont vêtues d'un pagne de couleur, mais ne se couvrent pas la poitrine. Elles portent des bagues, des bracelets, des boucles d'oreilles à miroir, des colliers de perles et fument une petite pipe à fourneau en cuivre. Quand elles sortent du village, elles mettent un petit veston boutonné sur le devant. Leurs cheveux sont enroulés en chignon sur le haut ou le côté de la tête et maintenus par une étoffe de couleur vive.

Lang-Sên est au fond d'une cuvette dans laquelle s'entassent tous les détritus de la forêt circulaire qui l'entoure, et ceux des habitants qui déversent toutes les saletés sous le treillis de leurs cases où grouillent les animaux. Les buffles se vautrent à côté. Il pleut souvent dans cet entonnoir. L'odeur de pourriture végétale et animale est suffocante. C'est une intoxication paludéenne, auxiliaire de la fièvre des bois. De la broussaille épaisse qui a poussé sur les défrichements abandonnés montent, sous les ardeurs du soleil ou dans les brouillards du matin, des exhalaisons plus fortes, plus chaudes et plus nauséabondes que dans les fourrés boisés où le sol n'a jamais été remué et où les rayons du soleil ne pénètrent que tamisés par le feuillage des grands arbres.

Arbres géants. — Parmi ces géants des forêts, la lutte pour la vie est la même que dans le règne animal. Non seulement les plantes les plus robustes s'élancent d'un seul jet pour conquérir une place à l'air et à la lumière, mais les banians enlacent comme des serpents de mille replis inextricables de grands arbres dont ils épuisent la sève et qu'ils étouffent. On rencontre à chaque pas des banians formant une sorte de filet cylindrique aux larges mailles aplaties et lisses, entre lesquelles l'arbre enlacé a été réduit en pourriture. A l'étreinte des fortes lianes qui entourent leur tronc, entrent dans l'aubier et s'y implantent comme un pas de vis ou une hélice, les arbres résistent, mais aux enlacements du banian, jamais. Le tronc droit des arbres est une proie sans défense ; le

banian est, comme la *pieuvre*, armé de tentacules mul-
tiples qui s'appliquent depuis le sol jusqu'à la cime sur
l'écorce, sur la peau du voisin dont il vit d'abord et qu'il
détruit ensuite. Dans la forêt, comme dans l'humanité, les
parasites pullulent.

Les émanations des plantes, et surtout des grandes
herbes, sortant et vivant d'un humus en putréfaction,
semblent également interdire à l'homme l'exploitation du
domaine végétal. La plante se défend tout en se décompo-
sant et, si les géants des forêts tombent par milliers par le
fer et le feu, bien des existences humaines sont compro-
mises avant que l'homme sorte victorieux de la lutte contre
le végétal.

Il y a deux routes de Lang-Sèn à Bao-Lao : l'une plus
courte et plus difficile par Lang-Poun et Phat-Lac ; l'autre
plus longue et plus facile par Lang-Con. Nous prenons
cette dernière à cause de la crue de la Sé-Mu dont le passage a été reconnu infranchissable, malgré un va-et-vient
en rotin, à cause des pluies torrentielles qui ne cessent ni
jour ni nuit.

La matinée se passe à réunir les éléphants. Départ de
Lang-Sèn le 5 septembre à midi. Nous n'avons plus avec
nous que douze coolies annamites et deux miliciens provinciaux de Cam-Lô.

Porteurs moïs. — Le Tong-Khê nous donne trente porteurs moïs et nous accompagne jusqu'à Lao-Bao avec ses
gens.

Ces Moïs sont nus sous la pluie, mais une feuille de lata-
nier leur sert de parapluie, s'ouvrant, se ployant, se fer-
mant à volonté. Ils portent leur nourriture dans une boîte
cylindrique suspendue à l'épaule et leurs fardeaux dans
des hottes sur le dos avec des bretelles en rotin. Les jeunes
gens roulent en chignon leurs cheveux longs par coquet-
terie à la mode annamite. Tous ont des boucles d'oreilles
et les élégants ont des colliers de perles.

Au sortir de Lang-Sèn, nous gravissons un contrefort de

glaise où il faut exciter les éléphants. Le sentier est très pénible. Les bêtes fatiguées se reposent sur trois jambes, ce qui fait incliner fortement le bât à droite, à gauche, en avant et en arrière. On est secoué comme dans un panier à salade.

Le Khé-Seri. — Deux heures après nous sommes descendus sur les bords de la Khé-Seri, qui a quarante mètres de large au hameau de Lang-Krui, dépendant de Lang-Sèn. Nous suivons la rive droite de la rivière qui charrie des arbres entiers. Ses rapides forment une chute de vingt mètres de large. Nous la passons par un mètre d'eau. Nous trouvons là les quatre abris construits par Lang-Sèn pour les Français et Annamites allant de Cam-Lô ou de Bao-Lao à Axoc par Lang-Sèn. La route devient bonne. Elle s'élargit, s'aplatit et nous mène à trois heures aux sources du Khé-Krén qui forment sur notre gauche une jolie chute et de bruyants rapides sur un lit de rochers.

Nous longeons la rive gauche de cette rivière dont la largeur est de quarante mètres en ce moment. Deux clairières de roches plates tapissées de gazon offrent de beaux endroits pour camper; c'est une succession de rapides et de chutes écumantes.

Nous passons le Khé-sa-Té, affluent du Nam-Krén qui se jette dans la Sé-mu, et nous gagnons l'ancien poste siamois d'Adoa, composé de cinq abris en ruine, entourés d'une palissade de bambous. Ces abris sont à la limite qui sépare le territoire de Lang-Sèn de celui d'Adoa et aux sources du Nam-Kiêm, sur la rive gauche et à 1.500 mètres environ de Adoa. Les Moïs nomment Lông-Ké le ruisseau qui y passe et dont nous traversons les deux branches par un mètre de fond et trente mètres de large.

Nous croisons le chemin qui mène à Lang-Ken; une montée et une descente abruptes, très mauvaises sous la pluie, nous conduisent à un ruisseau de trois mètres de large que nous traversons. Après un contrefort assez

raide, nous trouvons sur les bords d'un ruisseau de deux
mètres de large sur un mètre de fond, deux abris construits par les gens d'Adoa pour les Français et Annamites
de passage. Ils sont en ruines. Le village va les recons-
truire.

Bonne route, dite mandarine. — Nous arrivons à Adoa.
A partir du Khê-Seri nous avions suivi une section de la
route faite par ordre du roi Tu-Duc, il y a plus de trente
ans, et allant de Cam-Lô par Adoa et Lang-Sên au châu de
Xuong-Thanh et au Mékong. Elle a de deux à quatre mètres
de large. Deux éléphants peuvent toujours s'y croiser. Elle
suit les crêtes ou les flancs des coteaux, à l'origine des
vallées. Elle est presque plate et son tracé est remarquable.
On a laissé les arbres qui la bordaient. Un tel travail
prouve l'autorité de l'administration qui l'a fait exécuter et
les Siamois ne sauraient s'en prévaloir. Ils ne peuvent nier
que le gouvernement annamite n'ait ainsi fait acte de domination dans ce pays jusqu'au Mékong et par plusieurs voies :
l'une de Cam-Lô par Bao-Lao et Na-Bon et l'autre par Adoa,
Lang-Sên, Xuong-Thanh, rayonnant dans les 6 châus jusqu'au grand fleuve.

Après les accidents de terrains des sentiers que nous
avons parcourus, on est agréablement surpris de retrouver
ces sections de route, dite route mandarine. Il y a grand
intérêt à la faire parcourir de Bao-Lao à Adoa et Lang-Sên
en attendant qu'on puisse pousser jusqu'à Xuong-Thanh.
On rechercherait s'il existe un bon embranchement de
Lang-Sên à Man-Truong et Axoc. En fournissant des
« coupe-coupe » aux Moïs, ils pourront la débroussailler
là où les éléphants ramènent les branches et bambous et
où des arbres sont tombés. On a fait quelques ponts en
bambou qui pourrissent et c'est tout. Si cette route était
reconnue en entier, les communications entre les châus,
les postes et les villages du parcours, seraient rendues
praticables.

3

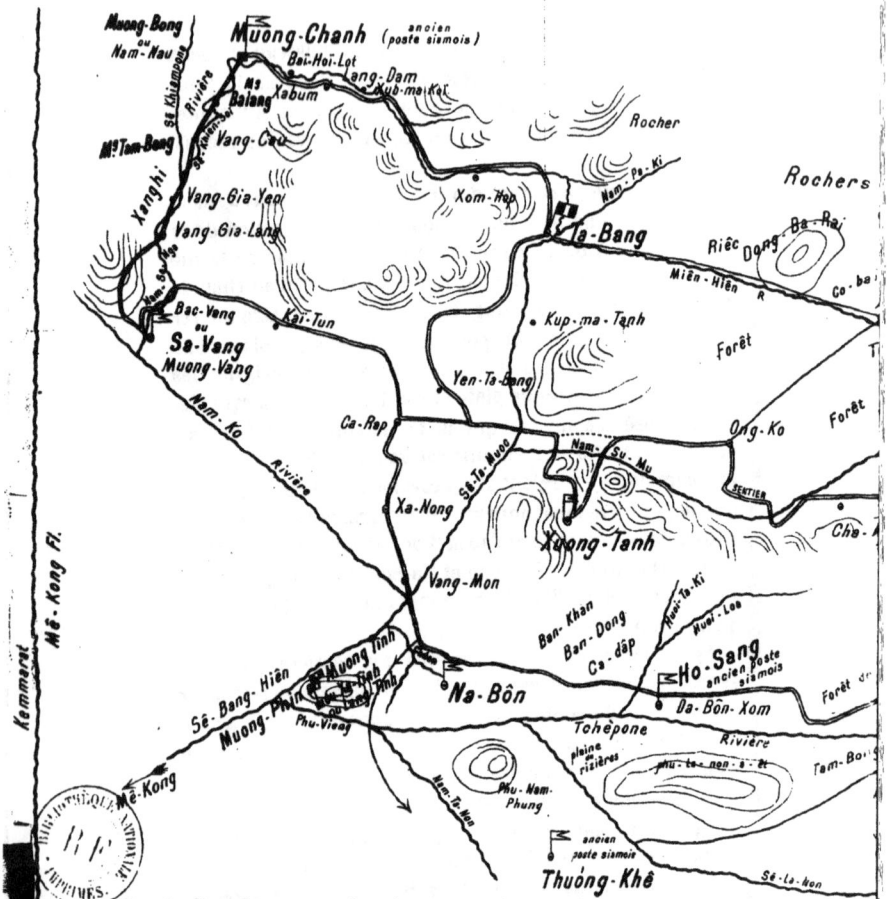

Muong-Bong ou Nam-Nau

Muong-Chanh (ancien poste siamois)

Bai-Hoi-Lot

Lang-Dam

M⁹ Balang   Xabum   Kub-ma-Kat

M⁹ Tam-Bong

Rivière   Sé Khampone

Vang-Cau

Xénghi

Vang-Gia-Yao

Vang-Gia-Lang

Nam-Su-Mu

Bac-Veng ou Sa-Vang

Muong-Vang

Kai-Tun

Nam-Ko   Rivière

Ca-Rep

Sé-Ta-Muon

Xa-Nong

Vang-Mon

Xom-Hop

Nam-Pa-Ki

Ta-Bang

Riêc-Dong   Da-Rai

Rocher   Rochers

Miên-Hiên R.   Co-ba

Kup-ma-Tanh

Forêt

Yen-Ta-Bang

Ong-Ko   Forêt

Nam-Su-Mu   SENTIER   Cha-

Xuong-Tanh

Huei-Ta-Ki   Huei-Leo

Ben-Khan   Ban-Dong   Ca-dâp

Ho-Sang   ancien poste siamois

Sé-Bang-Hiên

Muong-Tinh   Rab

Muong-Phin   Phu-Vieng   Phin

Na-Bôn

Da-Bôn-Xom   Forêt

Tchepone   Rivière   Tam-Bo

plaine rivières   phu-te-nen-o-ât

Mê-Kong

Nam-Ta-Mon   Phu-Nam-Phung

Kemmarat   Mê-Kong Fl.

ancien poste siamois

Thuong-Khê

Sé-La-Non

CROQUIS
DE LA RÉGION-OUEST DE CAM-LÔ ET AÏ-LAO
Province de Quang-Tri (Annam)
Novembre 1892

Restituée par le traité du 1er Octobre 1893

Annexe au Journal de route de CH. LEMIRE

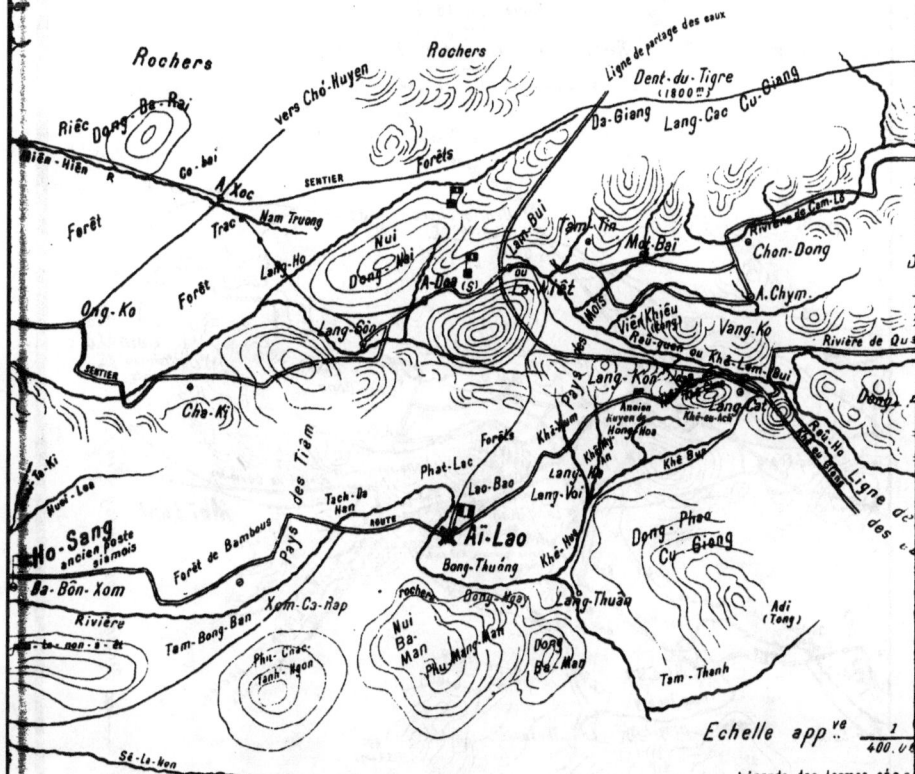

Rochers
Rochers
Ligne de partage des eaux
Dent-du-Tigre
(1800 m)
Riéc
Dong-Ba-Rai
Da-Giang
Lang-Cac
Cu-Giang
Biên-Hiên R.
Co-bai
vers Chö-Huyen
Forêts
Rivière de Cam-Lô
A/Xoc
SENTIER
Lom-Bui
Tam-Tin
Ferêt
Nam-Truong
Mô-Bai
Chon-Dong
Trac
Nui
Dong Nei
A-Uea (s)
ou
Lo-Viet
A. Chym.
Lang-Ho
MOIS
Forêt
Vien Khieu (ou)
Vang-Ko
Ong-Ko
Reu-quan
ou Khê-Lem-Bui
Rivière de Qu
Lang-Géo
Lang-Kon
Dong-
SENTIER
psy
Anciem
huyen de
Hong-Hoa
Lang-Ca
Reu-Ho ou Mere
Ligne de
Cha-Ki
Khi-num
Khê-su-koi
des L
Ta-Ki
Forêts
Khnluy
Khê Ba
Huei-Lea
Phat-Lac
Lang-Kon
Ho-Sang
Lao-Bao
Lang-Voi
Dong-Phea
ancien poste siamois
Tach-Da-Nan
ROUTE
Khê-Ha
Cu-Giang
Ba-Bôn-Xom
Forêt de Bambous
Pays des Triëm
★ Aï-Lao
Adi
Rivière
Xom-Co-Rap
Bong-Thuóng
(Tong)
Tam-Bong-Ban
rochers
Dong-Nhau
Lang-Thuan
Ta-la-non-é-t
Nui
Ba-Man
Phu-Mang-Man
Dong-Ba-Man
Sé-La-Uen
Phu-Chac
Tanh-Ngan
Tam-Thanh

Echelle app've
1 / 400.000

Légende des termes géo-

LAOTIEN	ANNAMITE
Pak	Nga-Ba-Cu
Khêng	Thach
Nam	Khê-Suo
Reü-Sé	Song
Dong-Phou	Nui-Sòn
Xieng-Chaü-Muong	Tong
Ban	Lang-Xa
Heou	Déo
Pa	Rung
Thalat	Chó
Pone	Don
Rê	Mô

CROQUIS
DE LA RÉGION-OUEST DE CAM-LÔ ET AÏ-LAO
Province de Quang-Tri (Annam)
Novembre 1892

Restituée par le traité du 1er Octobre 1893

Annexe au Journal de route de CH. LEMIRE

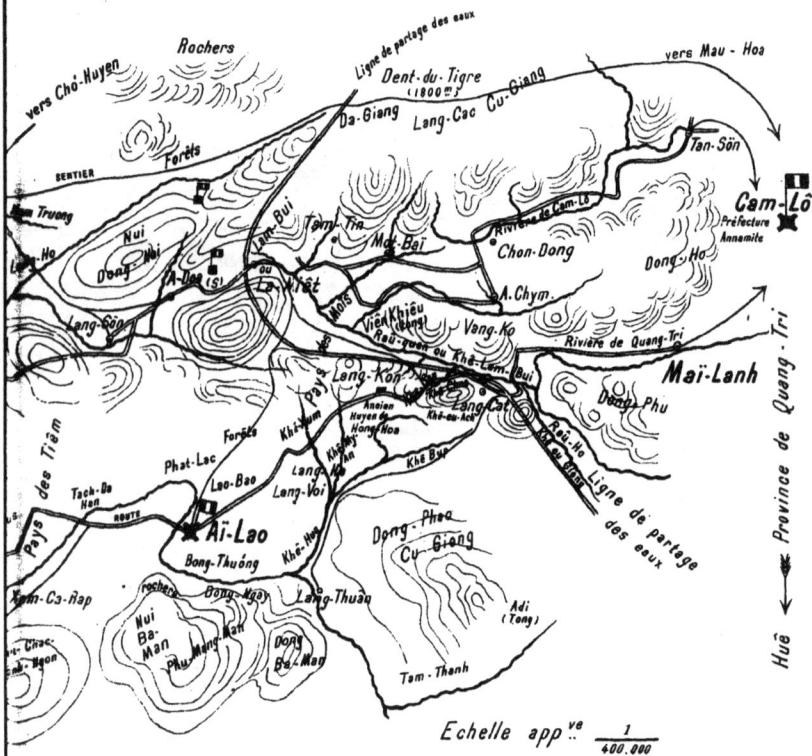

vers Chô-Huyen
Rochers
Ligne de partage des eaux
Dent-du-Tigre
(1800 m)
vers Mau-Hoa
Da-Giang
Lang-Cao Cu-Giang
Tan-Sôn
Forêts
SENTIER
Cam-Lô
Préfecture
Annamite
Nam-Truong
Nui
Dong-Nui
Tam-Bui
Tam-Tra
Maï-Bei
Chon-Dong
Dong-Ho
Long-Ho
A-Uoc (S)
Xa-Viêt
Mois
A. Chym.
Lang-Son
Viêt-Khiêu
Raü-yuen ou Khê-Lam-Bui
Vang-Ko
Rivière de Quang-Tri
Maï-Lanh
Pays Lang-Kôn-Noa
Lang-Cat
Khê-cu-Ach
Dong-Phu
Pays des Trâm
Forêts
Khê-Nam
Ancien
Huyen de
Hông-Hoa
Klang-Nan
Khê-Bui
Raü-Ho Ligne de partage des eaux
Phat-Lac
Lang-An
Phong
Lao-Bao
Lang-Voi
ROUTE
Tach-Da-Han
Aï-Lao
Khê-Hay
Dong-Phou
Cu-Giang
Province de Quang-Tri
Hué
Xom-Ca-Rap
rochers
Dong-Nya
Lang-Thuân
Adi
(Tong)
Bong-Thuong
Nui
Ba-Man
Cu-Chac-Ngon
Phu-Mang-Nah
Dong
Bu-Mag
Tam-Thanh

Echelle app.ve $\frac{1}{400.000}$

Légende des termes géographiques.

LAOTIEN	ANNAMITE	FRANÇAIS
Pak	Nga-Ba-Cüa	Confluent
Khêng	Thach	Rapide-Gué
Nam	Khê-Suoi	Ruisseau
Raü-Sé	Song	Rivière
Dong-Phou	Nui-Sôn	Montagne
Xieng-Chaü-Muong	Tong	District
Ban	Lang-Xa-ap	Village
Heou	Dèo	Défilé
Pa	Rung	Forêt
Thalat	Chô	Marché
Pone	Don	Poste
Rê	Mô	Mine

Ces améliorations ont été réalisées depuis par ordre de l'administration supérieure française de Hué.

Quand le prince Ung-Lich (Ham-Nghi) et le régent Thuyèt actuellement internés le premier en Algérie et le second en Chine, ont quitté, en 1885, Ai-Lao et Bang-Phuong pour Na-Bon et Muong-Vang, avec quatre éléphants et une forte escorte, ils ont suivi la route de Tabang, A-Xoc et Thuy-Ba pour gagner, par Minh-Cam, les sources du Sông-Nay, où fut pris l'ex-roi fugitif.

A-Doa. — A-Doa compte quatorze familles, vingt buffles, quatre éléphants. Les habitants vont au marché de Cam-Lô en deux jours. Ceux de Lang-Sên passent par ce point pour y aller également en trois jours.

Le Xa-Gan de A-Doa a la tête rasée et l'aspect d'un Tiêm. Il me dit que c'est à la suite d'une maladie.

Bien que *Gan* n'ait pas de bang-cap (brevet), il se fait appeler *tong* comme tous les autres. Il avoue qu'il dépend du Tong de Lang-Sên, mais il revendique son autonomie.

Il me dit qu'autrefois A-Doa formait un canton; c'est son frère aîné qui a gardé le bang-cap remis à ses ancêtres. Il l'a emporté avec lui dans un autre village rattaché à A-Doa et situé sur la Sé-Mu. Il se nomme Xung, fils de Ong. Il est le chanh-tong (titulaire), tandis que Gan est pho-tong (sous-chef). Un autre village, celui de Lang-Mit, dépend aussi de A-Doa. Je propose à Gan de remplacer son père absent. Il me répond qu'il ne peut le faire sans le consentement des villages dépendant de A-Doa. Je l'informe que ces villages sont dans la circonscription du poste de Bao-Lao et il s'en déclare satisfait.

Les villages de Man-Ruong et de Lang-Sên m'ont paru plus beaux et plus importants que A-Xoc, mais ils me semblent très malsains. A-Doa est le mieux situé et le plus salubre.

Retour dans le bassin annamite. — Les sources du Khê-Lam-Bui, qui se jette au-dessous de Mai-Lanh sous le nom de Râu-Quan, se réunissent à A-Doa.

Nous sommes donc retombés dans le bassin annamite, sur la rivière de Quang-Tri, sans avoir repassé la ligne de faîte.

Il est curieux d'embrasser la configuration de cette région qui, de Cam-Lô à A-Xoc au nord et à Bao-Lao au sud, a la forme d'un triangle sphérique dont Cam-Lô occuperait la pointe, A-Doa étant au sommet de la convexité. On franchit une chaîne entre Cam-Lô et Bao-Lao, une autre entre Cam-Lô et A-Xoc. La troisième, celle du milieu, est peu élevée et très étroite. Les sources de la Sé-Mu (versant du Mékong) et celles du Khê-Lam-Bui (versant annamite) se touchent et, en contournant les contreforts d'où sortent ces rivières, on se trouve, presque sans transition, dans l'un ou l'autre bassin. Mais il faut reconnaître que les grands massifs se trouvent du côté de l'Annam et que les grandes vallées s'ouvrent, s'élargissent et se prolongent du côté du Mékong. Aussi est-il difficile à vivre au pays des Moïs tandis que le pays des Tiêm est facile à cultiver et d'une grande richesse de production et de pâturages. Les mûriers, la ramie, les cotonniers sont de qualités bien supérieures à ceux de l'Annam. Il produit à la fois le riz de montagne et de plaine. Les buffles sont très forts et les bœufs très nombreux.

Nous repartons d'A-Doa le 6.

Khê-Lam-Bui. — Nous traversons le Khê-Lam-Bui qui se jette à Vung-Kho près le Khê-Khên qui passe à La-Miet (Lam-Bui) et va au Mékong par la Sé-Mu. Le Khên a 5 mètres de large.

Nous gagnons Pou-Luan, hameau de La-Miet. Des bambous sont placés sur les passages vaseux. Nous traversons un ruisseau de trois mètres de large, puis un ravin, et les éléphants coupent à travers les fourrés de bambous. Le sentier devient accidenté et en une heure nous passons cinq ravins. Nous retrouvons plantés entre Lang-Sên et La-Miet (Lam-Bui), aux sources du Rau-Quan (versant annamite), deux poteaux-frontières sous un abri. En présence de tous les Moïs, les annamites les abattent. L'inscription siamoise qui avait été placée sur les poteaux est tombée en pourriture.

Les éléphants glissent et tombent en grondant sur la pente escarpée d'un ravin détrempé par les pluies. Nous passons un torrent qui coule sous un énorme banian et nous faisons halte sur les bords de la Khê-Noi pour déjeûner sans descendre de nos montures. La Khê-Noi arrose le village de Cha-Kam, composé de sept familles dépendant de La-Miêt. Nous longeons la rive droite du Nam-La-Miêt qui a 70 mètres de large en cet endroit et qui est coupé de rapides.

Disons de suite que La-Miêt est la désignation annamite du canton, de la région et de la rivière que les Moïs nomment Lam-Bui.

J'aperçois par une coupée, sur la rive gauche, 11 coolies annamites guidés par un doi (sergent) de miliciens provinciaux annamites, qui portent des vivres à A-Xoc. Ils essaient en vain de franchir la rivière. Je tente inutilement de leur envoyer deux éléphants qui ne veulent pas se détacher de l'éléphant de tête. La pluie est telle qu'après avoir perdu une heure et craignant la nuit, je fais dire à deux Moïs de l'autre rive de les renseigner et de les conduire à Tan-Binh, hameau voisin où ils trouveront des abris et du renfort pour passer le lendemain le cours d'eau plus haut.

Nous repartons par Cha-Môn, hameau abandonné du Tong-La-Miêt. Nous franchissons un affluent de droite du Nam-La-Miêt qui déborde. Il se jette à Mai-Lanh et prend à Chamon le nom de Rau-Quan.

La Miêt (*ou Lam-Bui.*) — Nous sommes à La-Miêt à la nuit tombante. Le Chanh-Tong-Khoi est parti depuis de longues années sur les cultures qu'il a entreprises dans le Chau-Tiêm de Xuong-Thanh. Il y a emmené sa famille. Il revient deux ou trois fois par an pour régler les affaires du canton de La-Miêt. Le fait de ces étroites relations entre les deux régions Moïs et Tiêm sur les deux versants est à retenir. Khoi a emporté son bang-cap annamite. Je propose à son remplaçant, Cha-Ly, de le faire nommer pho-tong ; mais il désire auparavant consulter les quatre villages qui s'y rattachent et surtout le Tong-Khoi. Il faut deux jours aux Moïs pour aller de La-Miêt à Xuong-Thanh par Lang-Sên.

La-Miêt comprend vingt familles et possède trente buffles et trois éléphants. Les Siamois n'y sont pas venus, mais ils ont envoyé, il y a deux ans, une reconnaissance de Laotiens et de Tiêm jusqu'à Moc-Bai, en plein territoire annamite, route de Tam-Sòn à Cam-Lô.

Les cornacs. — Nous partons de Lam-Bui au petit jour. J'avais la veille un cornac énergique, .mais sa peau nue était couverte de gale, d'herpès et de poux. Dans les secousses, il se frottait à moi, mes genoux lui grattaient le dos et il lançait autour de moi les parasites en secouant ses deux vêtements ou en grattant à dix doigts sa chevelure épaisse, qu'il dénouait et rejetait en arrière. Bien qu'incommodé lui-même, il ne pouvait comprendre ma répugnance. J'en pris un autre, un beau garçon portant aux oreilles de longues baguettes d'argent ornées de perles, ce qui devait bien le gêner pour dormir. Nous avions eu à subir les sangsues, les punaises, les fourmis rouges, les cent-pieds, je ne tenais pas à rapporter une collection zoologique et pire encore.

Un hameau de 7 cases du canton de La-Miêt que nous rencontrons à 9 h. 1/2 est abandonné. Il est sur un affluent du Rau-Quan de 3 mètres de large et un mètre de fond. Un second est bordé par un autre hameau de 10 cases entourées d'arbres à fruits, jacquiers, orangers, citronniers, tamariniers, pamplemoussiers, papayers, manguiers, bananiers, goyaviers, et on traverse ce ruisseau huit fois de suite. Bientôt le chemin s'élève d'abord à flanc de coteaux longeant des cultures de nêp, maïs, millet, taros, manioc.

Puis, on suit le lit du cours d'eau pendant une demi-heure, ce qui faisait dire à mon prédécesseur qu' « après les chemins de singes venaient les chemins de poissons ».

La route redevient bonne. De beaux plateaux parsemés de carrés d'un vert tendre, ayant déjà été cultivés en grande partie, offrent de gras pâturages aux éleveurs de bétail et le bois est à pied d'œuvre pour les barrières.

Viên-Kieû. — Nous entrons à midi dans le canton de Viên-Kieû et laissons à droite le hameau de Cu-Lang, dont le chef est le Xa-Rum. Il est abandonné depuis un an à cause de la variole. Xom-Wat vient ensuite et comprend dix belles cases. Au bas d'un champ de riz, un pont de bambous est jeté sur un ravin. Une immense vallée s'ouvre et s'étend à l'ouest.

Épidémies. — Le village de Viên-Kieû que nous traversons vient d'être abandonné par suite du décès d'un seul homme par l'influenza. Ce site, qui se nomme Chua-Lang, est très joli. C'est un parc d'arbres fruitiers chargés de fruits. Les porcs et les volailles errent sous les cases. De petits groupes d'hommes ou de femmes viennent déménager leurs provisions et enlever leurs animaux. Les fruits sont laissés sur place.

Quand un Moï est très malade et qu'on le croit en danger de mort, on place auprès de lui du riz cuit, de l'eau, du feu, et on évacue le village. Les hommes viennent de temps en temps voir s'il est mort ou guéri et, dans le premier cas, ils l'enterrent. On dresse sur la tombe une case minuscule en bambous, avec plate-forme, dépendances, barrières, et on met auprès quelques bambous, les Moïs ne pensant pas que dans l'autre vie on puisse se passer de cet indispensable végétal. Puis, on reconstruit un autre village. Pour eux, le temps n'est rien et la forêt fournit les matériaux.

Le Chanh-Tong (chef de canton) est allé habiter un village voisin, mais je n'ai pu me détourner de ma route

pour aller le rejoindre. Le Nam-Trân est franchi par
15 mètres de large. Il se jette dans la Tchépone, près de
Bao-Lao. Nous voilà, sans changer d'altitude et en contournant les massifs, revenus dans le bassin du Mékong.

Bassin du Mékong. — Nous longeons la rive gauche du
Nam-Trân que nous traversons par 10 mètres de large
trois fois de suite. Nous rencontrons le village abandonné
de Xom-Don, composé de 10 cases dépendant de Viên-
Kiêu et nous rejoignons la route de Maï-Lanh à Bao-Lao
entre Lang-Cat et Lang-Con que nous avons à notre gauche.

Lang-Voi. — La halte a lieu à Lang-Voi à une demi-
heure sur la gauche de la route. Nous sommes dans le
canton de Lang-Huân dont le pho-tong Phiên demeure à
Lang-Con. Lang-Voi se rattache à ce village et comprend
12 cases sur les bords du Khé-Huc.

Le Khé-Huc. — Il coule avec fracas sur des escaliers
de rochers de 60 mètres de large. Les pluies continuent à
gonfler les rapides qui ont plus de 100 mètres de large.

Le tong de Lang-Thuan est le nommé Thuong. Les
défrichements sont plus considérables. De grands espaces
sont abandonnés. C'est du terrain préparé pour d'autres
plus persévérants, qui commenceront par l'élevage des
bœufs. J'ai conseillé en vain aux Moïs de se faire indiquer
par les Annamites voisins le labourage par la charrue et
les buffles.

Projet d'exploitation des bois. — Une exploitation des
inépuisables bambous femelles pourrait se faire par La-
Miêt ou Mai-Lanh, sur Cam-Lô ou Quang-Tri par des
radeaux sur le Rau-Quân, des buffles, des éléphants, des
coolies. Cette exploitation facile précéderait celle des bois
d'essence, des arbres géants, des caoutchoutiers, des arbres
à huile. Les chutes d'eau fourniraient la force motrice. On
pourrait essayer du schlittage comme dans les forêts d'Al-
sace, faire des vagonnets sur rails en bois, utiliser les
pentes.

On travaillerait de septembre en avril et on ralentirait dans la saison chaude et insalubre. Les Moïs sont tout préparés et seraient de précieux auxiliaires comme bûcherons.

Le sol étant détrempé, les fourmis et les punaises ont envahi la case où nous couchons et il est impossible de s'en débarrasser. C'est une nuit sombre de cauchemar : la pluie chasse avec force ; les rapides font un bruit de tonnerre, les éléphants entravés par les pieds barétent, le vent siffle et secoue les grands arbres. Les rivières grossissent. Allons-nous rester bloqués à Lang-Vôi ?

Dans chaque case moï, il y a dans un coin une niche en treillis de bambous destinée aux génies. Il n'est permis ni d'y toucher, ni de se placer au-dessous ou devant. Nous n'avons qu'à rester étendus autour du foyer en attendant une embellie.

Khé-My-An. — Repartis le 8, à 7 heures du matin. Passé à 9 h. 1/2 le Khé-My-Yen (My-An), affluent de la Tchépone et la borne en pierre qui sépare le canton de Lang-Huan de celui de Lang-Ha. Bonne route plate jusqu'au ravin et ruisseau Khé-Xum. Nous dépassons à midi le ravin et le village de Phat-Cac, et nous laissons le chemin de Lang-Ha à gauche.

Ai-Lao. — Nous arrivons à Ai-Lao. C'est le nom que portait l'ancien pénitencier (Ai-Camp, Lao-Laos). Il y avait des Ai-Lao dans l'ouest de plusieurs provinces. Le nom du village annamite est Lao-Bao ou Bao-Lao — centre laotien. L'emplacement du poste est contourné sur trois faces à distance par la Tchépone qui a 40 mètres de large. Le poste était enfermé dans une palissade trop étroite. On y a construit des aménagements plus grands et plus confortables, et on l'a assaini.

Lao-Bao. — Le village annamite de Lao-Bao est à 150 mètres au nord du poste et celui de Bang-Phuong (Tiêm), à un kilomètre au sud, séparé par une jolie forêt et situé sur les bords de la Tchépone en face du pic Dong-Ngay.

Lao-Bao n'a que huit familles. Les hommes servent de trams (courriers). Le Chanh-Quan-Bao Duc y réside. Il est l'agent du Quan-Phu de Cam-Lô et son intermédiaire avec les villages Moïs. Il est illettré et sans autorité. Il a une solde de deux ligatures et un luong et demi de riz mensuellement (un franc et 20 kilos de riz).

Bang-Phuong a quarante belles et grandes cases, dix buffles, pas d'éléphants. Chaque case est munie d'un métier à tisser le coton et la soie. Il y a beaucoup d'arbres fruitiers. Le village est très propre. Un joli sentier y conduit à travers bois. Les habitants sont plus forts, plus blancs que les Moïs. C'est le type laotien. Le vieux chef se nomme But. Il nous est très dévoué. J'y fis installer une école qui fut très suivie par les enfants tièm, curieux et avides de savoir. Ces gens faisaient trois jours de marche pour venir demander des livres d'images. L'enseignement par les yeux, par les leçons de choses, sont un facile moyen d'influence dont nous ne nous servons pas assez.

Le village voisin est Lang-Ha. En 1891, les habitants possédaient quatre éléphants. Deux leur ont été enlevés par des rôdeurs laotiens avant la création du poste de Ai-Lao. Les propriétaires des deux autres les ont vendus par crainte des Siamois.

En l'absence du sous-chef du district, le Xa-Bay-Say de Ho-Xang (Thao-Phra-Xay) nommé Sên, parti à Cam-Lô, son cousin qui le remplace et son frère cadet Khiêm avec un notable du châu de Lang-Thin nommé Say-Moun-Khoun, et six Tièm arrivent me saluer. Ils sont vêtus du langoutis et d'un veston blanc. Ce sont de beaux hommes robustes, aux traits réguliers, figure ouverte et intelligente, cheveux en brosse. Ils me déclarent que les Siamois qui occupent leur pays ont donné les ordres suivants : Faire le recensement des adultes (en vue de l'impôt) ; aller

deux fois par an à Ou-Bôn prêter le serment devant le gouverneur ou prêter le serment sur place en buvant l'eau
consacrée qui leur est portée dans les villages par les chefs
des postes siamois, ne plus aller à Cam-Lô, ne faire le commerce qu'entre les châus ou avec le Siam. Ces ordres sont
donnés par circulaire (trât) que les chefs de postes font lire
aux chefs et notables et remportent avec eux.

Ou-Bôn est le chef-lieu d'une province usurpée sur le
Cambodge. La ville est située sur la rive droite en remon-
tant la Sé-Moun et peuplée de 40.000 habitants. Pour y
aller par voie de terre, c'est un voyage pénible et coûteux,
les chefs de châus traversent le Mékong et mettent vingt-
cinq jours dont dix-huit en route aller et retour. En outre,
ils attachent à ce serment une crainte superstitieuse à
cause de l'appareil dont il est entouré.

Le serment à Ou-Bôn. — Dans une pagode sont réunis
les fonctionnaires et des soldats siamois. On amène les chefs
qui doivent prêter serment. Les bonzes récitent des prières.
Un secrétaire ou un bonze lit la formule du serment ; les
chefs la répètent et défilent devant le Khâ-Luong. (commissaire siamois) en trempant les doigts dans une coupe
remplie d'eau du fleuve dans laquelle on a immergé des
armes, de la poudre et sur laquelle les bonzes ont prononcé
des formules de malédiction pour ceux qui n'observeraient
pas la soumission jurée.

On se prosterne ensuite devant le portrait du roi et chacun boit une tasse de l'eau consacrée pendant que les
bonzes prononcent des sentences en pâli. Le Khâ-Luong,
ou son délégué, recommande aux assistants la fidélité au
roi dont il vante la puissance et la bonté. Enfin il distri-
bue des boîtes à bétel en étain (qui me paraissent de fabri-
cation allemande) ornées de portraits enluminés et sans
verre du roi et de la reine de Siam. Pour un prince asia-
tique, dont les sujets ne devraient jamais voir la face, l'in-
novation m'a paru intéressante. C'est peut-être une mesure

à imiter. Chaque chef de famille placerait l'image du roi d'Annam au fond de son autel domestique.

J'ai dit aux Tiêm que d'après des traités passés entre la France et le Siam, le premier il y a vingt-neuf ans et le second il y a vingt-cinq ans, les Français avaient le droit de circulation sur le Mékong dont les eaux coulent dans nos possessions de Cochinchine, que ces eaux étaient donc aussi françaises que siamoises; que les mandarins siamois ne devaient pas leur faire prêter serment ni faire le recensement tant que les contestations entre l'Annam et le Siam n'auraient pas été réglées à Bangkok où l'on s'occupait de leur solution; que, par une convention en date de trois ans (1889), les Siamois s'étaient engagés à attendre sur place cette solution; que, par suite, le serment était prématuré et sans valeur puisqu'ils n'étaient pas déliés des actes de soumission faits au roi d'Annam Minh-Mang lorsqu'ils reçurent de lui leurs bang-cap (nomination).

Je leur apprends qu'il y a maintenant à Bangkok un ministre français chargé de régler cette situation d'accord avec le roi de Siam et le roi d'Annam, et que ni le gouvernement annamite, ni le gouvernement français n'ont jamais cédé cette région au Siam; qu'ils ont vu déjà depuis plusieurs années des officiers français lever la carte du pays afin de revendiquer ce qui était possession annamite. Je les ai engagés à attendre patiemment la solution de ces affaires. Ils me disent « qu'ils voudraient pouvoir compter les jours qui s'écouleront encore jusqu'à ce que nous venions les délivrer de l'usurpation siamoise. » Je les quitte en leur disant que ce sera « bientôt ».

Pour circuler et faire leurs échanges entre eux, les Tiêm doivent avoir une autorisation des chefs de postes siamois. Les buffles et les bœufs ne peuvent être exportés qu'au Siam, ce que les Tiêm ne peuvent et ne veulent pas faire. Ils savent d'ailleurs qu'il y a à Van-Mong une douane siamoise qui perçoit quatre boules d'argent (soit 2 piastres = 7 fr.)

par tête de buffle ou de bœuf venant des 3 châus de Ba-Lang, Muong-Bon, et Tam-Bong. Ce dernier n'est autre que Nam-Nau ou Muong-Phong à cinq jours de Ho-Xang. Les gens des châus ont cessé d'aller à Cam-Lô depuis trois ans et demi (1889) et à Hosang depuis 1891.

Les chefs des châus et leurs subordonnés insistent auprès du gouvernement annamite pour ne plus aller à Ou-Bôn ; pour n'avoir pas à se soumettre et à payer l'impôt au Siam, et surtout pour reprendre les relations commerciales avec Cam-Lô. Ils n'ont plus pour intermédiaires que les Moïs. Les Châus envoient des produits à Ho-Sang où les Moïs les reprennent à l'exception des buffles et des bœufs.

Toute la région Tiêm est ainsi privée de sel, de poisson salé, d'étoffes ; elle paie plus cher ses achats indispensables et ne peut écouler ses marchandises. Cette mise en interdit leur est d'autant plus sensible qu'ils m'ont tous exprimé leur reconnaissance envers l'administration française, qui a obtenu du gouvernement annamite la suppression des douanes forestières entre la région des Tiêm et des Moïs et les marchés annamites.

Le Xa-Bay-Say, ayant appris à Cam-Lô mon arrivée prochaine à Ai-Lao, interrompt son voyage à Quang-Tri où il était appelé par le Tuan-Phu (préfet annamite) pour lui donner des renseignements. Il revient ici avec le notable de Lang-Thin nommé Say-Su-Nion.

Il a cru devoir se présenter en turban noir et en robe de soie. Il est de manières aisées, très intelligent et très au courant du pays. Il me confirme tout ce qui m'a été dit le 9 septembre par ses parents. Je lui répète les mêmes explications et lui fais les mêmes recommandations. « Il se résigne, dit-il, à attendre. Il espère toujours en notre protection, mais se trouve, lui et tous les chefs de châus, entre deux pouvoirs contraires, entre des postes siamois qui occupent son pays, l'oppriment et le menacent, et des

postes franco-annamites qui lui promettent de le délivrer
des oppresseurs, tandis que ceux-ci restent maîtres de leur
territoire et leur ferment l'accès de l'Annam. »

Je lui répète : « Patience et la solution viendra bientôt ».
Je lui dis que nous pourrions boire l'eau du Mékong dont
la Tchépone est un affluent et y tremper des cartouches
pour en faire de l'eau du serment, mais que mes promesses
et les siennes seront mieux scellées en buvant une coupe
de vin français, ce qui a lieu. Je lui remets les cadeaux
que j'avais apportés pour lui et il se retire satisfait.

Projet de marché à Ai-Lao. — La garnison de Ai-Lao
dépense par mois, sur place, de 1.500 à 2.000 ligatures,
soit, dans l'année, de 18 à 20.000 ligatures. C'est plus que
suffisant pour alimenter à Ai-Lao un marché qui aurait
lieu les 1er, 7, 14 et 21 de chaque mois. J'y ai fait cons-
truire des abris; tous les villages moïs et annamites sont
invités à y venir. Les Tiêm trouveront moyen d'y envoyer
des produits et peut-être de s'y rendre. Ce sera le marché
intermédiaire entre eux et Cam-Lô. Si l'entreprise réussit,
elle sera d'un grand avantage aux postes, aux Tiêm, aux Moïs
et aux Annamites. Cette création n'aura pas seulement un
avantage commercial, mais politique. Il y aura économie
de temps, d'argent et de peines si l'on peut s'approvi-
sionner et faire les échanges sur place. L'expérience paraît
réussir. Les Annamites peuvent apporter ici le sel, le
poisson salé, etc., etc. Les bœufs et les buffles viendront
ensuite et un courant plus important s'établira.

C'est l'Annam qui a fait percer des chemins dans cette
région, qu'il a organisée en châus (districts) et en cantons.
Les villages des deux versants sont étroitement unis et ne
peuvent être séparés en deux territoires, placés sous deux
régimes et deux maîtres différents. Cam-Lô est le centre
administratif de la région et le seul marché d'approvi-
sionnement et d'écoulement, d'achats et de ventes.

Le jour où nous aurons obtenu satisfaction du Siam,

nous aurons attiré à nous des populations fort intéressantes
et rendu au roi d'Annam et au protectorat de riches vallées
en bordure du Mékong. Nous nous serons assuré des voies
de communication jusqu'au grand fleuve. Puisque les
passes du Mékong sont déclarées infranchissables, il n'y
a plus que deux directions à donner au courant commercial
du Laos central : Oubôn-Korat-Bang-Kok, ou bien Cam-Lô-
Hué-Tourane. On a enfin compris, vers le milieu de 1893,
que cette dernière voie devait être conservée à nos nationaux et à nos protégés et aujourd'hui Ai-Lao, relié par le
télégraphe et la poste au réseau général de l'Indo-Chine française, reprend et développe son trafic avec Cam-Lô.

Je suis parti à pied d'Ai-Lao, malgré la pluie, le 14, à
8 heures du matin. Le chef Tiêm-But et 14 de ses hommes,
le sous-chef moï de Lang-Ha et 15 hommes, plus 14 Annamites m'accompagnent ; les invalides sont portés en filet.

Khê-Xum. — Le passage de la Khê-Xum est tenté
vainement avec un va et vient en rotin ; mais une pirogue
est amenée de Lang-Ha et amarrée solidement des deux
bouts ; on passe un par un ; il faut sauter rapidement sur
la rive avant l'arrêt de la pirogue qui s'emplirait et chavi-
rerait. Nous longeons, à 3 kilomètres de distance, à droite,
la vallée de la Tchépone dominée par une rangée de montagnes dont la crête est garnie de murailles de roches, de
sorte qu'on la croirait couronnée d'un château-fort jusqu'à
son extrême pointe appelé le Dong-Ngay.

La My-An est devenue profonde et torrentueuse. Les
Moïs y plantent des piquets à chacun desquels se tient un
homme et on passe entre deux haies de porteurs.

Lang-Con. — Nous avons, à droite, le mont Dong-Ba et
les villages de Lang-Toai et My-An, le canton de Lang-Thuan
et le village de Lang-Voi, dont les cultures s'étendent, vers
les sources de la My-An. Nous faisons halte à Lang-Con où
habite le sous-chef du canton de Lang-Thuan, nommé
Huân. On y compte 7 cases et plusieurs hameaux dissémi-
nés sur les bords du Khê-Bun.

Khê-Shan. — Nous en repartons le lendemain matin. Le chemin de La-Mièt, à gauche, est indiqué par un tombeau et un gros arbre isolé. Le Khê-Shan a 20 mètres de large et une grande profondeur. Il se jette dans la Tchépone. On suit la rive droite, puis la rive gauche.

Khê-Cu-Bach. — Nous le passons à 1 mètre au-dessus de sa chute; il tombe avec fracas dans un bassin très surbaissé, puis se présentent une autre branche de 5 mètres de large au-dessous de son rapide et enfin, le Khê-Cu-Bach, dernier affluent de la Tchépone. Ces ruisseaux sont bordés de cultures.

Relations entre les villages. — Nous rencontrons des Moïs de Lang-Ha revenant des rives du Nam-Lam-Bui qu'ils n'ont pu franchir. Ils ont laissé leurs marchandises à Lang-Cat et ramènent à vide leurs trois éléphants empruntés aux Moïs de Toi-Hai dans le Châu de Thuan-Khê. Ce point n'est pas compris dans les 9 cantons; on voit encore quelles relations ces Moïs éloignés ont avec ceux de Lang-Ha, et par eux, avec Cam-Lô où ils vont commercer Nous rencontrons 8 autres éléphants portant des produits d'échange entre les villages Moïs.

Le brouillard envahit la forêt à midi. Il fait une humidité glaciale. Nos vêtements sont trempés. Tout le monde grelotte. Il semble qu'il soit nuit. Les nuages très bas et les vapeurs de la terre ne font qu'un : « le ciel tombe », disent les Annamites, et les arbres aussi, avec leurs troncs pourris et leurs branches enchevêtrées de lianes qui barrent le sentier.

Nous gravissons en pente très douce un premier contre-fort, au sommet duquel sont les dépôts de pierres et de feuillage qui indiquent la ligne de partage, mais non la ligne de faîte.

Versant annamite. — On repasse, en effet, sans montée trop sensible, du bassin de la Tchépone dans le bassin du Cu-Giong (versant annamite), mais il faut traverser ensuite les contreforts peu élevés du massif central le long duquel se déroule la route entre Lang-Cat et Mai-Lanh.

Lang-Cat. — Nous faisons halte à Lang-Cat qui est à un jour de Mai-Lanh sur les bords de la Cu-Giong déjà fort large et formant des chutes et des rapides. Le sentier est indiqué par un tombeau. Les Tiêm et les Moïs reçoivent l'hospitalité les uns chez les autres. Ils portent leurs vivres avec eux. Leurs relations sont quotidiennes.

Nous quittons Lang-Cat le matin, toujours à pied, sans avoir pu nous procurer d'éléphants. Il aurait fallu aller jusqu'à Vuc-Thuong.

Un escalier de roches nous mène au fond du ravin de la Cu-Giong. Nous sommes dans le bassin annamite. Sur sa rive gauche, le Quan-Phu (préfet) a fait édifier trois abris sur pilotis pouvant servir à 40 hommes. Nous traversons difficilement et nous longeons la rive droite très profonde et très encaissée; un sentier de roches, coupé de ruisseaux et de cascades, la surplombe sous la grande futaie; après avoir suivi le lit d'un ruisseau, de rocher en rocher, nous sortons des forêts et nous atteignons la rive plate et découverte du Rau-Quan.

Le Rau-Quan (rivière de Lam-Bui et de Mai-Lanh). — Ce fleuve à 150 mètres de large et plus de 2 mètres de profondeur. Nous essayons de faire un pont, mais les outils manquent. Ce sera trop long et il faudra camper de nuit sous la pluie. Il est indispensable de porter avec les convois de petits sampans-paniers en bambou tressé et goudronné et de faire sur place des radeaux; c'est le seul moyen de passer lors des crues.

Nous nous décidons à quitter la route ordinaire et à remonter la vallée du Rau-Hô ou Cang-Giang; nous le traversons sur 150 mètres de large au Thach-Xa-Luoi. Ce gué n'est pas praticable; mais deux Moïs nous amènent une pirogue de pêche provenant d'un village abandonné sur la rive gauche.

La-Gon. — Un autre village de 4 maisons en ruines s'éparpille sur la rive droite, d'où un bon sentier nous conduit au beau village de La-Gon. Ses 10 cases spacieuses et propres s'étagent en amphithéâtre sur les contreforts du fleuve. Le chef, le Xa-Lanh, est absent, et c'est le seul village dont les habitants aient fui à notre approche. Il est du canton de Viên-Kiêu qui s'étend fort loin.

Lang-Reuou. — Nous escaladons des rochers pour redescendre à Lang-Reuou et nous retombons sur la rive droite du Rau-Quan (rivière de Mai-Lanh).

Ce n'est plus qu'un sentier de fauves sous les hautes herbes touffues, de chèvres sur les rochers, de buffles dans la vase et de poissons dans l'eau alternativement. Il y a à peine la place pour mettre le pied dans les anfractuosités des rochers où les Annamites s'accrochent avec les doigts de pied, faculté qui nous manque. Puis l'on enfonce dans la vase et l'on passe, avec de l'eau jusqu'à la ceinture, les affluents qui se succèdent, soit en cascades, soit en nappes vaseuses et qui sont le Khê-Ba-Ac et le Khê-Da-Voi (4 mètres de large), près du village de La-Lou, ainsi que de petits ruisseaux formés par les pluies et à sec dans la bonne saison.

Le fleuve semble barré par un pic isolé et visible de très loin ; c'est le Dong-Phu ou Nui-Ong, c'est-à-dire le pic du Génie des montagnes et qu'on laisse à droite. La traversée du Rau-Quan, à son confluent avec la Lam-Bui, la Cu-Giong et le Rau-Hô, est légendaire chez les Moïs et les Tiêm.

Les serpents d'eau. — Dans les bassins profonds des rochers, disent-ils, vivent des serpents de 20 mètres de long dont le corps est formé d'anneaux, qui se développent et dont la peau résiste à la lance et au couperet.

Lors des crues, ce serpent s'attaque aux hommes et aux animaux, les enveloppe de ses replis et leur suce le sang. Bien que sa tête ne soit pas plus grosse qu'un globe de lampe, il a immobilisé, paraît-il, les quatre pieds d'un éléphant qui traversait le gué, l'a entraîné, noyé et tué en le suçant près des yeux. Il a enlevé sept hommes au Lang-

4

Sranh, près Vung-Kho, il y a deux ans. Le nommé Lanh, maire de Vien-Khièu, l'a vu dernièrement. Il a emporté l'année dernière un Moï de Lang-Khuàn revenant de Cam-Lô. Les Moïs en ont tué un sur le Râu-Ho il y a un an et on en a coupé un morceau de un mètre qu'on a porté à Cam-Lô. Les anneaux se repliaient et s'allongeaient. A la même époque, un animal semblable, serpent, ou anguille, a fait chavirer dans le Nam-Ko, près de Na-Bòn, quatre Tièm qui étaient en pirogue et il les a noyés et enlevés. Tel est le récit des Moïs et des guides annamites, qui affirment l'existence de ces monstres.

Je ne saurais partager ni nier leurs croyances. Dans les bassins rocheux des montagnes de la Nouvelle-Calédonie il y a des anguilles de 20 à 25 kilos et j'en ai vu tuer à coups de fusils une de 22 kilos qui ne pouvait être portée que par deux hommes.

Le Rau-Quan se nomme maintenant le Xom-Xom. Il est coupé de violents rapides. Les deux premiers sont formés par d'énormes roches contre lesquelles les eaux rejaillissent en vagues écumantes. Au village de Tra-Nien, cinq barques de pêche, qui ont remonté deux rapides à la cordelle, nous prennent à bord, mais nous déclarent ensuite ne pouvoir redescendre les rapides et nous débarquent fort désappointés, car la marche était pénible.

Maï-Lanh. — Une demi-heure après, nous quittons le dernier village Moï, Lang-Xom, dont les cultures sont contiguës aux champs annamites de Maï-Lanh. Les deux méthodes de cultiver le riz font contraste et je le fais en vain remarquer aux Moïs et aux Tièm. Nous traversons les belles rizères de Maï-Lanh et les pâturages remplis de buffles et bordés de jolis bouquets de bois. Les coolies anna-mites se sentent revivre, poussent des cris de joie et accé-lèrent la marche. Le village, en partie emporté par la crue du fleuve en 1891, s'est reconstruit et développé. Les mai-sons sont palissadées et propres. C'est un village dans l'aisance en face le massif Dong-Hô. Il est sur la rive droite et un bac conduit sur l'autre rive.

Les Tiêm, les Moïs, les Annamites qui m'accompagnaient, forment trois groupes dont la réunion représente les trois races de la région. Nous leur distribuons leur salaire et leur provision de riz et nous remercions leurs chefs qui repartent satisfaits. Ces gens nous ont rendu de grands services et se sont montrés doux, vaillants, serviables, hospitaliers et fort bien disposés. Ils méritent intérêt et bienveillance.

De Maï-Lanh, départ en barque à 7 heures du soir. Malgré la nuit les bateliers ne craignent pas de franchir les rapides. Je rencontre à minuit l'inspecteur des milices Quénel et son convoi se rendant à Ai-Lao. Je redescendis avec lui à la concession de MM. de Vaugelade, Richardson et Saillard. Ce dernier était seul dans l'habitation, vaste et confortable. Elle s'élève sur la rive droite de la rivière de Quang-Tri à Tinh-Thôt ou Da-Noï en amont de Ba-Lan, dans l'endroit le plus malsain de la région ; aussi a-t-on été obligé de l'abandonner depuis lors.

Nous repartons le matin, le convoi pour Maï-Lanh, à contre-courant, et moi descendant les rapides vers Quang-Tri, où j'arrive à une heure. La barque du chef de poste d'Ai-Lao remontait en se faisant haler sur la rive au moyen de cordages en rotin. Un de ces rotins vint à casser dans un rapide. La barque chavira et ceux qui la montaient furent emportés par le courant. Ils purent heureusement, à 50 mètres plus bas, se rattraper aux branchages de la rive ; mais un Annamite disparut et ne put être retrouvé.

La fièvre des bois. — Depuis six jours, presque tous nous éprouvions les mêmes symptômes : étourdissements, vue trouble, bourdonnements d'oreille, sueurs chaudes et froides, faiblesses des membres, sensibilité cutanée extrême. Ne sont-ce pas là les effets d'une véritable intoxication ? En marche, le grand air, le mouvement, les efforts musculaires entretenaient l'appétit et la circulation du sang. Nous mangions à chaque repas un potage au riz et une poule au riz et nous buvions une infusion de citronnelle chaude, pour éviter l'eau supposée malsaine puisée au fleuve. Arrivés à la dernière étape, les Annamites qui m'accompagnaient sont à peine au repos qu'ils sont pris par la fièvre. La réaction se fait toujours chez eux immédiatement. Les accès sont suivis d'une grande faiblesse. L'ipéca d'abord et la quinine ensuite doivent être administrés aussitôt après l'accès. Nous avons été atteints les uns après les autres, mais je n'ai perdu aucun de mes hommes. La meilleure époque pour entreprendre les tournées dans la région de l'ouest et le bassin du Mékong, c'est de janvier à avril, avant les grandes chaleurs.

La saison insalubre commence en mai jusqu'en août. Le soleil est très pernicieux et développe des miasmes plus dangereux encore pour les Annamites que pour les Européens. En septembre et en octobre, l'inondation et les pluies rendent la circulation très difficile et très pénible.

De Quang-Tri à Dong-Hoï, le retour s'effectue tantôt par eau, tantôt par terre, en un jour et deux nuits. On a le choix entre la route mandarine et les fleuves, et les moyens de transport sont faciles. Toute la région entre le Quang-Tri et le Mékong peut être parcourue en un mois. Il faut deux jours pour aller de Cam-Lô à Hosang, autant jusqu'à Na-Bon, de même jusqu'à Xuong-Thanh ; trois jours jusqu'à Muong-Chanh par Tabang ; cinq jours jusqu'à Muong-Phin, centre administratif le plus important, autant jusqu'au Muong-Phong ; un jour jusqu'à Song-Khone, poste au confluent de la Sé-Bang-Hién, et deux jours jusqu'à Na-Pra-Sum, sur les bords du Mékong, en face de Kemmarat. Le résident Dufrénil, avec l'inspecteur Garnier et des contingents de Miliciens, ont fait évacuer toute cette région par les Siamois, sans coup férir, le 26 mai 1893. On voit qu'il eût été facile de les en expulser plus tôt.

Ainsi, du littoral de l'Annam aux bords du Mékong, il y a au maximum vingt-deux jours de route par des chemins très praticables. C'est la meilleure voie à suivre pour les échanges commerciaux. Nous avons relevé les itinéraires parcourus de Cam-Lô à A-Xoc et Ai-Lao et nous pensons que ces renseignements détaillés seront utiles à ceux qui auront à circuler dans cette région, que le moment est venu d'organiser.

Conclusions. — Nous ne devons plus jouer à Bangkok le rôle de dupes que nous y avons joué en 1863 et en 1867. L'Angleterre a pris prétexte de notre établissement dans les deux bassins contigus du Fleuve rouge et du Mékong pour prendre la Birmanie, mais elle s'est engagée, en 1884, à nous réserver les territoires qui nous revenaient de droit, c'est-à-dire les États Shans du haut Mékong.

De même elle prend prétexte des revendications du roi d'Annam sur le Laos annamite de la rive gauche du Mékong qui lui apppartient, pour menacer le Siam de l'englober tout entier dans la famille anglaise en rejetant sur nous la faute. Cette duplicité ne trompe personne, car la Birmanie anglaise n'a à attendre de nous que des relations de bon voisinage.

Paul Deschanel, député, écrivait en 1883 ce qui suit : « Le jour où l'Angleterre prendra la Birmanie, notre « autorité dans la partie orientale de la presqu'île Indo- « Chinoise subira une réelle atteinte. Si nous ne prenons « pas nos précautions (dans le haut Laos), les Anglais une « fois établis à Xieng-Mai (Laos siamois) seront maîtres, « au moins moralement, de la vallée du Mékong et de « l'importante position de Luang-Prabang qui était tribu- « taire de l'Annam. Ainsi coupés du grand fleuve, menacés « de voir l'Angleterre accaparer le protectorat du Siam, « notre situation en Indo-Chine sera bien diminuée. »

Or, la Birmanie a été prise le 1er décembre 1885. Nous avons pu nous réserver par le traité de Bangkok du

3 octobre dernier la navigation exclusive sur le grand lac du Cambodge, que notre ignorance a laissé, en 1863, couper en deux par une frontière fictive. Nos canonnières ont déployé sur le Mékong, de Khône à Luang-Prabang, nos couleurs qui y sont connues depuis 1866. Les principautés de la rive gauche, qui sont au roi d'Annam, notre protégé, lui sont restituées ; Luang-Prabang et le Muong-Lu sont sous notre Protectorat.

Quant à la vallée du Haut-Mékong nous avons à maintenir les réserves posées en 1884 au sujet des États shans de ce bassin, acquis à notre sphère d'action. Point n'est besoin entre nous et la Birmanie d'autre État tampon que le Siam autonome et indépendant. Ce que les Anglais ont appelé « le péril français » est en effet un grand péril pour nous. Nous le connaissons, nous devons l'éviter ; ne nous laissons pas enfermer dans les mailles du filet que l'Angleterre resserre chaque jour et dont il faut, au contraire, nous dégager. Il n'est que temps de sauvegarder notre situation et nos intérêts politiques et commerciaux sans céder aux exigences mal fondées de nos rivaux et voisins. Ils convoitent les voies d'accès de Birmanie en Chine à travers la vallée du Haut-Mékong. Cette région doit rester une dépendance du protectorat français en Indo-Chine.

II

LE PAYS DES POU-EUNS

(Cam-Môn et Tran-Ninh)

ENTRE LE NORD DE L'ANNAM ET LE MÉKONG

Région réoccupée en juin 1898

SOMMAIRE. — Région entre l'Annam et le Mékong à l'ouest du
Nghê-An et du Hatinh. — Limites du Tran-Ninh, du Cam-Môn et
du Cam-Côt. — Postes français. — Le Song-Ca. — Population du
Tran-Ninh. — Son origine. — Signification du mot *Muong*. —
Autonomie de ces peuplades. — Les Pou-Euns ou Thos. — Les
Pou-Thai ou laotiens. — Les Méos. — Origine des Xas. — Mœurs
et coutumes des Pou-Euns. — Produits et animaux du pays. —
Histoire du Tran-Ninh et de la région des Muongs. — Fin du
royaume de Vien-Chan. — Organisation de ces régions par l'An-
nam. - Invasion des Hôs. — Hostilité des Xas unis aux Chinois. —
Intervention des Siamois. — Fuite des habitants. — Postes siamois
au Tran-Ninh. — Le frère du roi de Siam à Nong-Kay. — Conséquences de ces invasions. — Premiers postes français. — Mission
Pavie. — Importance des routes du Tonkin et de l'Annam au
Mékong. — Échanges. — Évacuation des Hos. — Intervention
française. — L'ensemble des communications avec l'Indo-Chine
française. — Prévision des traités. — Nos droits et nos devoirs. —
Notre domaine Indo-Chinois. — Routes et ports. — Avenir commercial. — Convention Franco-Siamoise. — Meurtre de Grosgurin
et de seize miliciens. — Réparations dues. — Réintégration des
anciens habitants. — Conclusion.

Nous avons parcouru et étudié le pays des Tiêm entre la
capitale de l'Annam, Hué, la province de Quang-Tri et le
Mékong. Les Siamois occupaient depuis plus longtemps
encore, entre Vinh, Hatinh et le grand fleuve, une vingtaine
de districts habités par les Pou-Euns, districts qu'ils
avaient enlevés à l'Annam. Ces territoires ayant été repris

par nous en même temps que ceux des Tièm, il est néces-
saire, pour être complet, de faire connaître cette partie du
Laos annamite.

On trouvera sur le croquis spécial annexé à cette étude,
la configuration de cette région habitée principalement par
les Pou-Euns et les Khas ou Moïs. En voici la situation,
les dénominations, les divisions et les limites.

Région entre l'Annam septentrional et le Mékong. —
A l'ouest des provinces annamites du Nghê-An et du
Hatinh, s'étendent de vastes régions peuplées de 50.000
habitants. Ce sont : le *Trân-Dinh*, comprenant les huyens
de Cam-Mon, de Cam-Cot et de Cam-Linh entre le Hatinh et
le Mékong ; les huit huyens d'u *Tran-Ninh* entre le Nghê-
An, le Mékong et la rive droite de la Rivière-Noire ; le
Trân-Biên qui compte quatre huyens et le *Tran-Manh* ou
Tran-Tinh, qui en compte trois. Le Trân-Biên se nomme
aussi les Ban-Tanghoc (Opan Thang-Hoc).

On se rend au Cam-Môn par le fleuve Ngan-Pho (en
Hatinh), Hatraï et le col de Hop-Ham ou par celui de Qui-
Hop.

Le Tran-Ninh est une principauté qui dépendait autrefois
du royaume de Viên-Chan (Nam-Chuong) qui s'était
reconnu vassal de l'Annam par le traité de 1750 et lui
payait tribut.

Limites du Tran-Ninh, du Cam-Mon et du Cam-Cot.
— La principauté du Tran-Ninh est limitée par le Mékong
à l'ouest, le Cam-Mon (Hatinh), au sud, le Cua-Rao sur le
Song-Ca et le Phu de Thuong-Duong au nord-est, le Song-
Khan au nord et le Song-Mâ, fleuve de Thanh-Hoa au nord-
ouest.

La capitale est Xieng-Quang, au-delà de Muong-Ngan,
où résidait le principal chef siamois. Les huit huyens sont :
Kam, Xuy, Liem, Xen, Cot, Kang, Quang et Moc.

Les quatre huyens de Tran-Biên, sont : Nam-Soan,
Muong-Loan ou Man-Lang, Sam-To et Xa-Hô. L'ensemble

des trois autres, appelé le Tran-Tinh, se compose de : Yen-Son, Muong-Son et Tam-Nguyen ou Tru-Nguyen.

Les chaus ou muongs du Thanh-Hoa sont : Sam-Na, Man-Soi et Trinh-Cô ou Kieu-Cô.

Postes avancés. — On pénètre dans le Tran-Ninh par le Song-Ca, ou Ngan-Ca que les Muongs appellent Nam-Pau et qui prend le nom de Song-Neun ou Nam-Neun, ou Ngan-Neun, au-dessus de son gros affluent de droite, le Song-Mô qui se réunit au Song-Ca à Cua-Rao.

Le Song-Ca. — Le Song-Ca a de nombreux rapides depuis Cay-Chanh jusqu'à sa source ; mais il est navigable sur 550 kilomètres qu'on parcourt en 11 jours. Nous avons établi sur les rives des postes franco-annamite avancés.

Le Song-Ca et le Song-Ma sont les deux plus grands fleuves de l'Annam ; mais le Song-Ma en Tanh-Hoa est peu navigable.

Song-Mô. — Le Mô, l'affluent du Song-Ca, offre des difficultés à la navigation jusqu'à Ta-Phê. Il est obstrué par des rapides dangereux, et il faut transborder les bagages plusieurs fois.

M. le capitaine Laffite a remonté en 1888 et 1889 une partie du Song-Ca et du Mô.

Population du Tran-Ninh, du Cam-Mon et du Cam-Cot. — La région comprise entre la Rivière-Noire, le Yun-nam, l'Annam, la Birmanie et le Laos, est habitée par plusieurs peuplades, dont les principales, issues des Pou-Theng, gens des montagnes de Dien-Bien-Phu ou Theng, sont :

Les Pou-Thai, branche des Laô (Laotiens), entre l'An-nam-Tonkin et la Chine, qui occupent, parallèlement aux Annamites, la moitié du Tonkin ;

Les Pou-Euns, dans le Tran-Ninh (Annam), et le Cam-Mon ;

Les Méos ;

Les Xas et autres tribus Moïs ;

Quelques débris des Hoa (Chinois).

Origine de la population. — Voici, d'après M. Pavie, l'origine de ces populations. Le pays de Theng est au nord de Luang-Prabang entre la Rivière-Noire, les sources du Song-Mâ (Thanh-Hoa) et celles du Nam-Hou. La ville de Theng se trouve sur le Nam-Yeun, affluent du Nam-Hou.

C'est de Theng que les sept fils du sage Borom ou Ta-Pröhm, l'ancêtre Brahma, envoyé du ciel sur la terre par Indra, le roi des Anges, se séparèrent :

L'un resta à Luang-Prabang (Laos-Lao);

Un au pays Kéo (Annam);

Un à Xieng-Mai (Laos siamois);

Un au pays des Hos (Yunnam);

Un à Xieng-Hong (États Châns, Muang-Khan, Haut-Mékong);

Un à Siam ;

Le septième à Xieng-Quang (Tran-Ninh).

Signification du mot Muong. — On a improprement désigné, dit M. Pavie, ces peuplades sous le nom de Muongs. Ce mot ne doit s'appliquer qu'au territoire et signifie : *canton, province.* On dit *Muong* en langue *Thai*, langue chantante, analogue au Siamois, et *Châu* en *Annamite.*

Autonomie de ces peuplades. — Ces peuplades sont jalouses de leur autonomie. Elles sont organisées suivant le régime féodal, sous des chefs héréditaires ; elles sont tributaires de l'Annam depuis les temps les plus reculés.

Les Pou-Euns ou Thos, habitants du Tran-Ninh. — Les Pou-Euns, que les Annamites appellent les Thos, tirent de l'Annam le sel marin qui leur est indispensable, tandis qu'au Laos on trouve du sel gemme. Il est probable qu'on en trouvera aussi au Tran-Ninh, maintenant rouvert aux relations avec l'Annam.

Il y a entre cette race et les Annamites la même antipathie qu'entre ceux-ci et les Cambodgiens. Les Pou-Euns sont boudhistes fervents, tandis que les Annamites n'observent

que les formes superstitieuses d'un boudhisme dénaturé et
corrompu. Ce serait folie que de vouloir donner aux Pou-
Euns des chefs annamites ou de vouloir les plier au régime
annamite.

Les Pou-Thaï ou Laotiens (*Lao*). — Les Pou-Euns se
mélangent souvent aux Laotiens et jamais aux Annamites.
Les relations des Annamites avec les Laotiens, qu'ils
appellent Lao, datent du XIIIᵉ siècle.

En 1331, une tribu de Lao[1] envahit le Nghé-An. Un
siècle plus tard ils étaient les alliés des Annamites. Les
Lao (Pou-Thaï) habitaient, comme aujourd'hui, à l'ouest du
Tran-Ninh.

Depuis 1800 ans jusqu'à nos jours, les Chinois ont essayé
en vain de dompter ces peuplades laotiennes, qui forment
les seize châus Tonkinois, les sept châus du Thanh-Hoa, les
Muongs du Tran-Ninh, du Cam-Mon et du Cam-Cot.

Un commentateur des *Annales annamites*, écrivait :
« Les Giao-Chi (Annamites), les châus de la plaine, les
« Nhat-Nam (moïs) de la montagne, voilà notre Annam ! »
Le roi annamite Dinh-Nghé était originaire des châus,
ainsi que son successeur Ngô-Quiem. Le premier, au Xᵉ siècle
de notre ère, mit fin à la domination chinoise en Annam,
avec l'aide de ces populations laotiennes (931-939).

Les châus se soulevèrent contre l'Annam en 1029 et 1035
sous le règne de Ly-Thaï-Thong).

En 968, le roi d'Annam Dinh-Bo-Linh avait fait de Vinh,
chef-lieu du Nghé-An, appelé alors Hoan-Châu, la capitale
du royaume, quarante-deux ans avant que Hanoï devînt la
capitale sous Ly-Cong-Nan.

Nguyen-Dzo, restaurateur de la dynastie Lê, au XVIᵉ siècle,
s'était réfugié près du roi d'Aï-Lao, nommé Sa-Dau.

En 1697, Triêu-Phuoc, fils d'un roi laotien détrôné, et
réfugié en Annam, est rappelé à la mort de l'usurpateur.

---

[1] Aï-Lao signifie campement laotien.

La cour du Tonkin (Hanoï) le fait reconduire avec honneur jusqu'à la citadelle des châus et lui fait reconnaître sa suzeraineté.

Peu de temps après, en 1705, il est décidé que les rois du Laos devront venir tous les trois ans présenter leurs hommages à la cour du Tonkin

Ces faits expliquent comment nous retrouvons dans l'Ouest de chaque province annamite des localités qui ont conservé le nom de Aï-Lao. Ces points étaient des douanes, des fortins (Don) et leur nom, dit le R. P. Bon, d'après Mgr Taberd, est formé de Aï (camp poste) et de Laos ou Lao. Les annales de l'Annam donnent des renseignements détaillés sur les relations de ce pays avec les diverses peuplades laotiennes.

Il est donc avéré que la domination annamite sur les châus et muongs est de bien des siècles antérieure aux prétentions récentes des Siamois.

Les Méos. — Les Méos sont d'origine Mongole. Ce sont les restes d'une colonie chinoise, des Miao-Tsé, mélangés avec d'autres, venus du Kouang-Si au XVIIe siècle. Ils ont les mœurs et le langage de la Chine. Les femmes portent des pendants d'oreilles assez longs pour être accrochés derrière la tête ou sous le menton. La tribu Méo, qui est à Xieng-Quang, s'y est établi il y a environ quarante ans.

L'opium vient de chez les Méos qui le recueillent eux-mêmes; c'est le principal objet d'échange dans le pays. Les Méos et les Xas ne paient pas l'impôt à l'Annam, mais au chef de la tribu.

Origine des Xas. — Un Moï et une Laotienne, sans enfants, demandèrent un fils à Préa-Indra, roi du ciel et des anges, qui en envoya un porté par six femmes célestes. Ce fils, appelé Thao-Gi, tomba du ciel dans les mains des parents par un coup de vent et devint le chef des Moïs. L'une des femmes célestes, qui avaient porté cet enfant, avec si peu de précaution, tomba pendant le même coup de

vent dans le Nghê-An. Cette femme épousa un habitant de
ces parages et son fils fut le chef du pays de Hoan-Châu ou
Nghê-An (Vinh).

Telle est la légende rapportée par M. Pavie.

Les Khas (ou Xas, ou Swas, ou Yachs, ou Pou-Tinh, ou
Pou-Chuongs, ou Penongs, ou Moïs), auraient fait la guerre
dans le Vien-Chan (Nam-Chuong) pour se procurer des
terres cultivables, et, étant battus, se seraient retirés sur
les confins de l'Annam. On les appelle, par euphémisme,
Pou-Theng ou Pou-Tinh.

Mœurs et coutumes des Pou-Euns. — Les maisons sont
bâties sur pilotis. Les cloisons et les planches sont en bambous, sans cheminée. La basse-cour est en dessous. Dans
chaque case est une jarre de vin obtenue par la fermenta-
tion du riz ou du millet. On boit le vin avant le repas et le
thé après. Les femmes mangent à part. Celles-ci portent la
hotte sur le dos au moyen d'une lanière d'écorce ceignant le
front. « Après la mort d'un montagnard, dit le R. P. Pinabel,
un sorcier asperge de vin de riz les parents et la maison
avec un goupillon d'herbes, comme purification et pour
chasser les mauvais génies. Les cimetières sont des lieux
sacrés dans la forêt où on ne doit pas couper d'arbres. »

Dans cette région, les pluies ont lieu de mai en novembre; la température est plus fraîche que sur la côte
d'Annam.

Produits et animaux du pays. — Les produits des
Pou-Euns sont les bois, bambous, rotins, chênes, palmiers,
sagoutiers, faux gambier (cunao), médecines chinoises,
teinture, tabac, cannelle, cire, cardamone, riz, maïs, canne
à sucre, taros, manioc, mûriers, coton, ramie. L'opium
vient de chez les Méos qui cultivent des champs de pavots
et en recueillent eux-mêmes le suc.

Parmi les animaux, on trouve des buffles, bœufs, chevaux, pangolins, serpents, tigres, panthères, éléphants,
bœufs sauvages, *axis*, sangliers, rhinocéros, singes, etc.

Histoire du Tran-Ninh et de la région des Muongs. — « Sous le règne de Gia-Long et de Ming-Mang, dit le R. P. Blanck, l'Annam était puissant et sa domination s'étendait au loin. Toutes les principautés situées sur le Mékong lui payaient tribut. A l'emplacement de Nong-Khay, rive droite du Mékong, existait le royaume de Nam-Chuong (Vien-Chan) de la juridiction duquel relevaient plusieurs principautés laotiennes, ainsi que le Tran-Ninh, le Tran-Dinh, le Tran-Bien ; mais ce royaume de Vien-Chan était lui-même tributaire de l'Annam.

« Le Tran-Ninh continua à être régi directement par l'Annam après la prise de Luang-Prabang, vers 1470.

Fin du royaume de Vien-Chan. — « Nous avons vu qu'à la fin du règne de Minh-Mang, une guerre éclata (1827) entre le Siam et le dernier roi de Nam-Chuong, Anone. Le roi vaincu chercha un asile dans le Tran-Ninh. Le Siam envoya l'ordre de le livrer. Le roi de Tran-Ninh lui conseilla alors de se sauver ailleurs et, sur son refus, le livra à l'Annam pour éviter toutes difficultés entre les puissances siamoises et annamites.

« Le roi de Nam-Chuong resta quelque temps à Vinh, chef-lieu du Nghê-An, puis remonta à Tran-Ninh avec quelques soldats annamites qui descendirent bien vite, laissant au chef du Tran-Ninh le soin de garder le roi fugitif. Mais Siam ordonnant toujours de le livrer, le chef du Tran-Ninh obéit enfin et le livra.

« A cette nouvelle, le roi d'Annam envoya des troupes pour s'emparer du roi du Tran-Ninh et de toute sa famille. Il y eut beaucoup de sang versé ; le roi et sa famille furent faits prisonniers et conduits à la ville. Le roi eut la tête tranchée dans la capitale, et sa famille resta prisonnière jusqu'à la fin du règne de Thiêu-Tri. »

Organisation de ces régions par l'Annam. — « La paix fut alors conclue entre l'Annam et le Siam. Le royaume de Nam-Chuong (Vien-Chan) fut effacé de la carte ; toutes les principautés situées sur le Mékong (rive droite) revinrent au Siam ; celles de la rive gauche : Cam-Mon, Cam-Keut, Tran-Ninh, Tran-Bien, Tran-Manh, déjà tributaires de l'Annam, furent abandonnées au roi d'Annam qui les organisa en huyens en 1831.

« Après une rude captivité, la famille royale put revenir à Tran-Ninh. L'aîné des quatre fils fut nommé roi (1831).

« Le deuxième avait pris dans la plaine une femme chrétienne dont il eut deux fils, qu'il confia à Mgr Gauthier, alors vicaire apostolique de Vinh, pour les faire instruire dans la religion chrétienne et les lettres. Un missionnaire français, le R. P. Taillandier, s'était rendu dans cette région et était mort dans un village des rives du Song-Mô. Le cadet des fils du roi est mort en 1876. Leur père est allé mourir à Luang-Prabang.

« Le Tran-Ninh fut visité en 1881 par trois autres missionnaires (les pères Blanck, Cudrey et Satre ; ce dernier a été victime de la révolte de 1885), envoyés par Mgr Croc. Le père Blanck en dressa une carte en 1882.

Invasion des Hôs. — « Après la mort de l'aîné des quatre fils du dernier roi, le troisième fut nommé pour le remplacer.

« Les Hôs (Chinois) entrèrent dans le pays sous son gouvernement en 1874. Il rassembla des soldats pour les combattre. Il allait gagner la bataille, quand une balle le renversa raide mort. Tous les autres prirent la fuite et les Hôs sont restés dans le pays jusqu'à ce jour. Son fils Khan-Ti lui succéda.

« Ce chef vint à Vinh demander assistance aux autorités annamites. Il réclama trois fois des secours.

« Le Tong-Doc (Gouverneur) lui donna quelques armes et promit d'envoyer une troupe de 200 hommes ; mais ceux-ci reçurent l'ordre de revenir sans avoir été jusque dans le Tran-Ninh. »

Hostilité des Xas unis aux Chinois. — Il s'agissait de repousser les peuplades Xas. Ces derniers, dépourvus de

terres, pillaient depuis douze ans leurs voisins pour vivre
et faisaient cause commune avec les Hôs. En 1885, des
Chinois, venus du Yunnam et formés des anciens Pavil-
lons-Noirs, Rouges, Jaunes, renforcèrent les Hôs qui étaient
déjà depuis dix ans dans le Tran-Ninh.

Intervention des Siamois. — Alors Chau-Khan-Ti appela
les Siamois qui s'empressèrent d'intervenir. Ils trouvèrent
les Chinois plus forts qu'ils ne le pensaient et repartirent
au Siam sans les avoir combattus. Ils n'avaient fait
qu'ajouter à la ruine du pays. Les habitants se disper-
sèrent à Luang-Prabang, à Nong-Kay, à Pon-Pissay, à La-
Khon et surtout dans le Muong-Boli-Khan, à l'embouchure
du Ngan-Xau. Les gens de Tran-Ninh s'y établissaient
sous l'autorité du frère de Chau-Khan-Ti, chef du Tran-
Ninh, et avec l'autorisation du roi de Siam qui n'avait
aucun droit sur ce territoire.

Fuite des habitants. — Fuyant les Hôs et les Xas, les
habitants du Huyen-Moc, en Tran-Ninh, les gens du
Tran-Bien, des Annamites du Huyen de Ky-Son et du Phu
de Thuong-Duong se réfugièrent au Cam-Mon. Les Xas
étaient descendus piller jusqu'à Cua-Rao et Canh-Trâp sur
le Haut-Song-Ca, bien que les Annamites eussent un fortin à
Cua-Rao. Cette position est très importante et des marchands
laotiens et birmans y venaient commercer auparavant.

Devant les troupes siamoises venues en 1886, les Chinois s'étaient momentanément retirés. Les mandarins
annamites les avaient pris à leur solde pour chasser les
Français de l'Annam. Ce furent eux qui massacrèrent le
P. Satre en 1886. Puis, le 7 juin 1887, ils allèrent piller
Luang-Prabang pour venger la querelle de Déo-Van-Tri,
aujourd'hui rallié au protectorat français.

On sait comment les troupes siamoises, qui occupaient
la ville pour la protéger, par ordre de Bangkok, s'enfuirent
dès l'arrivée de Déo-Van-Tri et des Hôs. Le vieux roi laotien fut sauvé par M. Pavie, avec l'aide du Cambodgien Kéo,

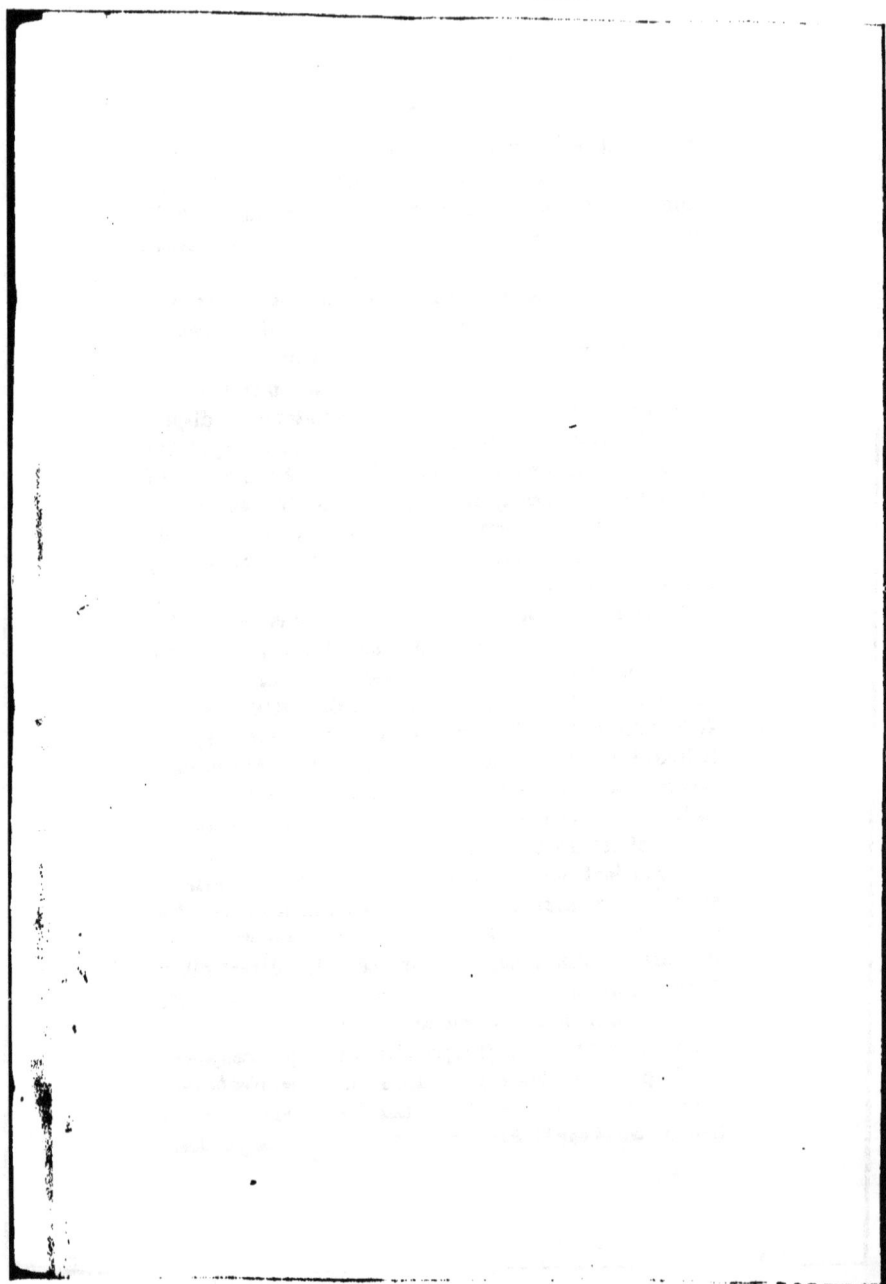

TONKIN

YUNNAM

Frontière de Chine

Fleuve Rouge

Rivière Noire

Lao-Kai

Son-la

Sip Song chu Thai (ou les 12 cantons)

Song Ma

Dien Biên Phu ou Theng

Lai Chau

Muong Téo

Kong Fl. Prabang

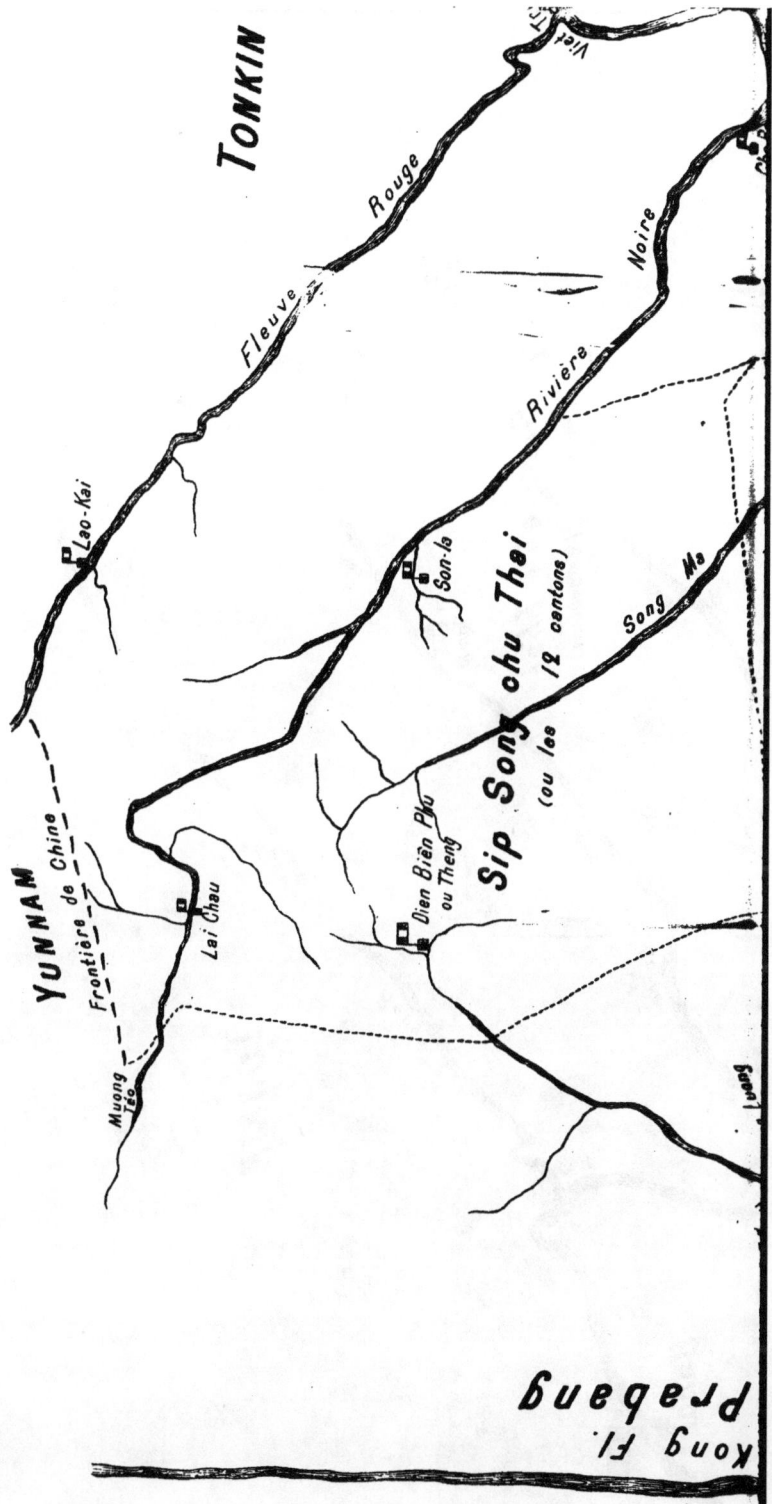

États Chans

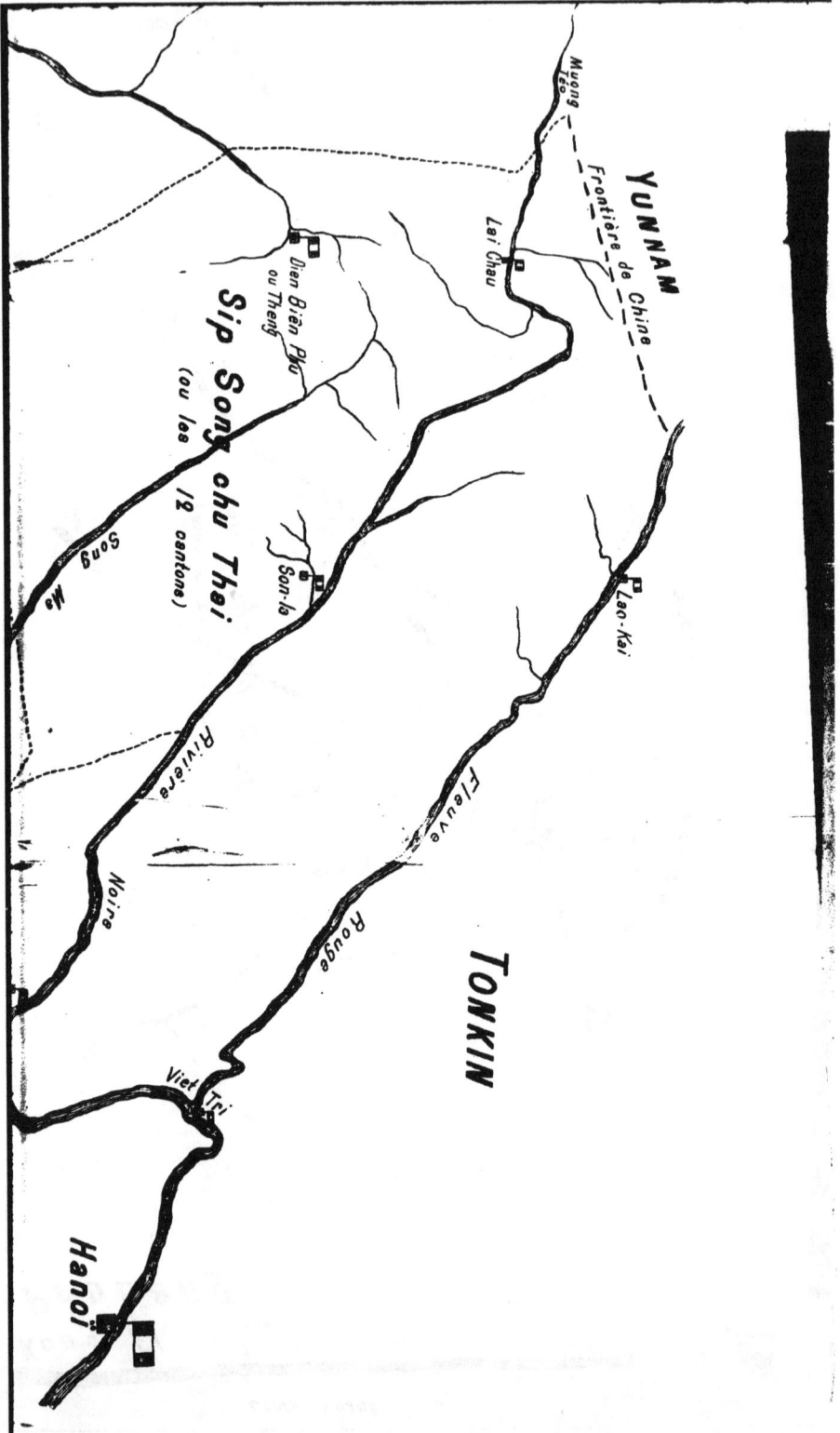

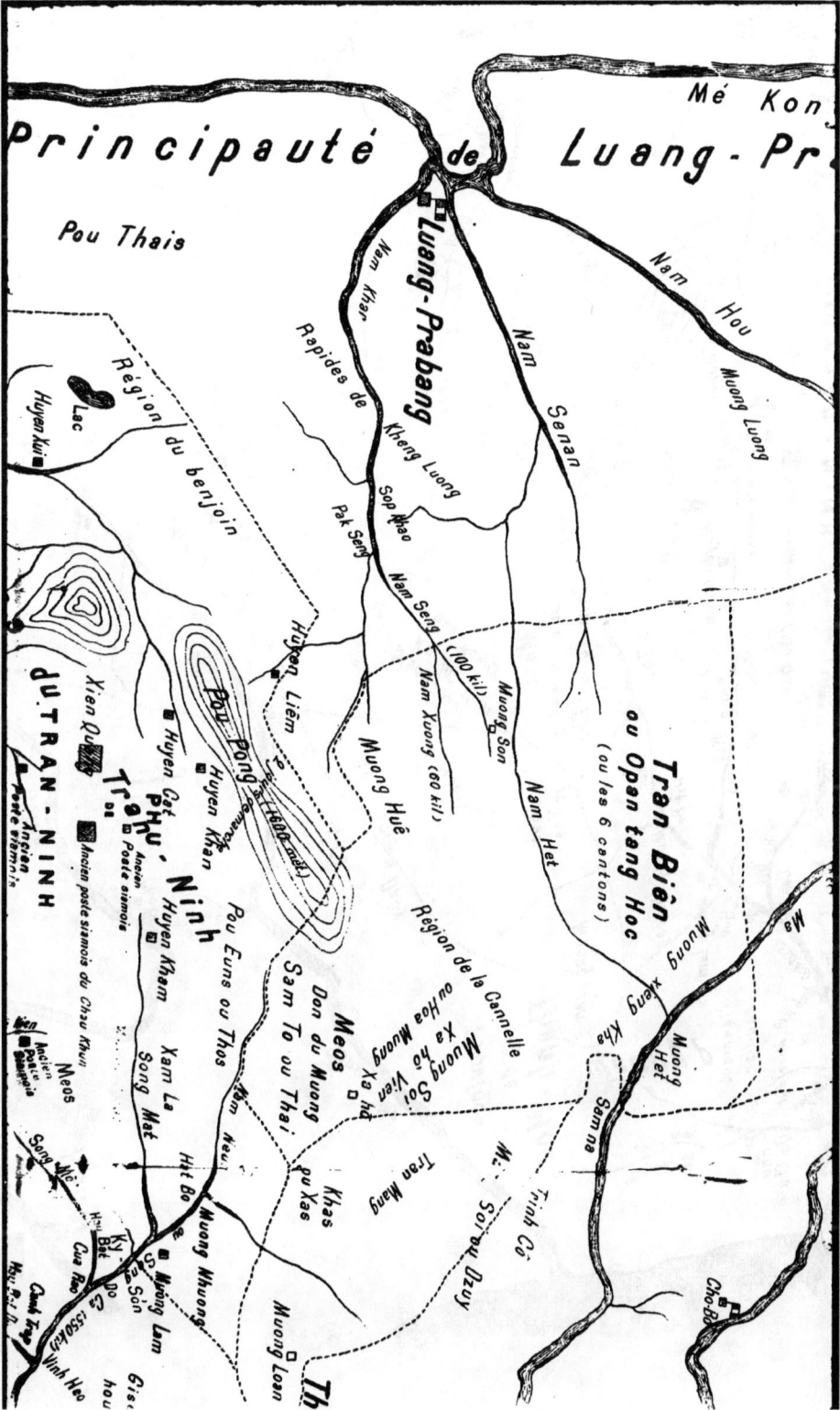

Lac

Région du benjoin

Kheng Luong

Sop Hao

Pak Seng

Senan

Luong

Nam Seng (100 kil)

Muong Son

Nam Xuong (60 kil)

Muong Huê

Huyen Liêm

Pou Pong (1600 mèt.)

Huyen Khao

Huyen Cât

Huyen Khem

Pou Euns ou Thos

Nam Neun

Sam To ou Thai

Don du Muong

Meos

Khas pu Xae

Muong Loan

Xieu Q.

Tran Ph Ninh

Xam La Song Mat

Muong Nhuong

Muong Lam

Muong Sôn

Gisement houiller

Meos

Hat Bo

Ky Dç

Hau Bie

Cua Rao

Vinh Heo Minh d'or

Huyen Qui Chau

Phu

Song Hieû ou Song Con

d'Annam

Trân Biên
ou Open tang Hoo
(ou les 6 cantons)

Région de la Cannelle

Muong Soi
ou Hoa Muong
Xa hô Vien
Xa hô

Tran Mang

M. Soi ou Dzuy

Trinh Cô

Sam na

Kha

Muong Xeng

Muong Het

Province
de
Thanh-Hoa

Song Ma

Song Ma

Song

Noire

Cho-Bô

Song

Hanoï

Ancien poste siamois du Chau Khui

Ancien poste siamois

U-TRAN-NINH

LAOS ANNAMITE

LE PAYS DES POU EUNS OU THOS

Provinces de Nghé-An et Ha-Tinh Régions du Tran-Ninh et du Cam-Mon

RÉOCCUPÉES EN JUIN 1893

Croquis annexe à l'étude de Ch. LEMIRE

(1894)

1.000.000

Pr

- Les 8 huyens du TRAN-NINH

Huyen kui

Ancien Royaume de

Viên Chân ou Nam Chuong

Nam Ngam

Noag Kay

Pon Psay

Huyen ou San

Nam Nia

Canton de Boly

Khan

Nam

Ka dinh

Cam-Cot

Huyen

Nam Nhuong

Ancien Poste siamois

Poste siamois

Muong Noao

Saniabury

La Khon

Houten

Nam Hin Boun

Nua Mine de plomb

Kens Kiéc

Tran

Muong Son

Yen-San Tinh

Tran Dinh Khao

Na Kai Anciens Postes tiranc-annamites

Na-bé

Huyen Cam Mon Nap-ving (trangsei)

ouè Kien

Ta Do

Huyen Mao

Cocke too Man Ham Chao

Ha Trai

Cho No

Tri-ba

Hau Bai Uo

Dol de Qué Hop

Bernard.Lbussin.Anyers

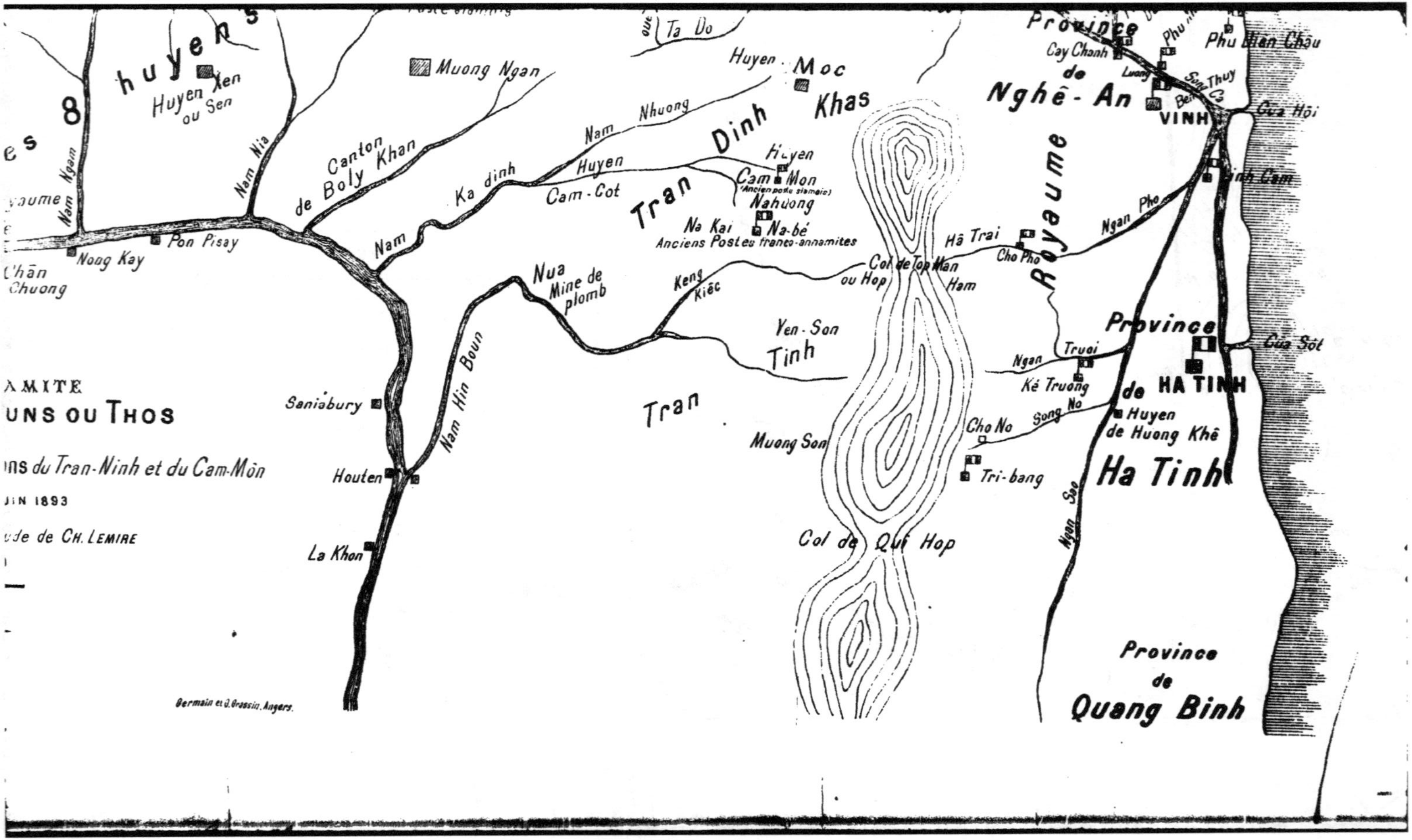
AMITE
UNS OU THOS
ns du Tran-Ninh et du Cam-Môn
JIN 1893
de de CH. LEMIRE
Germain et G. Grassin, Angers.
8 huyens
Huyen Xen ou Sen
Nam Ngam
Nam Nia
Canton de Boly Khan
Muong Ngan
Nong Kay
Pon Pisay
Chân Chuong
Nam Ka dinh
Huyen Cam-Cot
Nam Nhuong
Ta Do
Huyen Moc
Tran Dinh Khas
Huyen Cam Mon
(Ancien poste siamois)
Nahuong
Na Kai
Na-bé
Anciens Postes franco-annamites
Nua Mine de plomb
Keng Kiêc
Yen-Son Tinh
Tran
Saniabury
Houten
Nam Hin Boun
La Khon
Col de Top Man ou Hop
Ham
Muong Son
Col de Quî Hop
Hâ Trai
Cho Pho
Royaume
Ngan Pho
Province de Nghê-An
Cay Chanh
VINH
Phu Dien Châu
Song Ca
Cua Hôi
Province de HA TINH
Ngan Truoi
Kê Truong
Cho No
Song No
Tri-bang
Huyen de Huong Khê
Ha Tinh
Cua Sôt
Ngan Sao
Province de Quang Binh

qui·fut ensuite expédié auprès du roi de Siam pour lui apprendre le désastre. Voilà ce qu'étaient les prétendus protecteurs siamois. Ils revinrent après le départ des bandes chinoises s'imposer à Luang-Prabang.

Postes siamois au Tran-Ninh. — Pendant que les Chinois étaient retenus ailleurs, que les Annamites étaient en pleine révolte, que le Tonkin était encore livré aux troubles qui le désolaient depuis juin 1873, les Siamois, qui avaient envahi la rive droite du Mékong, de 1830 à 1840, revinrent dans la région de la rive gauche en 1888. Ils poussèrent jusque dans le Tran-Ninh, dans le Cam-Mon et le Cam-Côt, sous prétexte de protéger les habitants, mais en réalité pour les opprimer et les enlever. Le chef siamois, le Chau-Khun-Lac, vint avec des soldats s'établir à Xien-Quang (Muong-Ngan), chef-lieu du Tran-Ninh. Ils installèrent des postes et plantèrent des poteaux indiquant les frontières qu'ils usurpaient.

Le frère du roi de Siam à Nong-Kay. — En 1886, en vue d'occuper plus fortement la région du Cam-Môn et du Cam-Côt, dépendant du Hatinh, un frère du roi de Siam, Prea Chau-Ba-Chat, vint s'établir à Nong-Kay. Il avait une troupe siamoise, quelques annamites recrutés au Siam, des canons et des éléphants. Les Siamois réquisitionnaient des corvées, des fournitures, de l'argent, des impôts et disaient que ces pays étaient passés au roi de Siam. Après avoir augmenté les postes militaires dans ces deux régions et dans le Tran-Ninh, le frère du roi repartit pour Bangkok. En 1887, ils emmenèrent à Bangkok le chef du Tran-Ninh, Chau-Khan-Ti, et plusieurs autres chefs de sa famille qui sont presque tous morts au Siam. L'annexion au Siam commençait. Sept mille habitants avaient été emmenés au Siam par ordre du frère du roi de Siam établi à Nong-Kay. Le Chau-on-Kiéu avait succédé à son frère le Chau-Khan-Ti ; mais le frère du roi de Siam fit déporter à Bangkok le huyen de Kham, Thao-Nga, son fils aîné et ses neveux.

5

Cha-Than ou Tha-Phan, son fils cadet, évalue à plus de 20.000 âmes la population enlevée par le Siam. Le traité de 1893 stipule que ces populations, ces notables, les chefs détenus à Bangkok, seront renvoyés dans leurs territoires de la rive gauche. Les Siamois cherchent à nous donner le change et à éluder cette clause en prétendant que ces chefs ont disparu, que la population déportée sur la rive droite ne compte que quelques individus. C'est par milliers que nos protégés doivent être réintégrés dans leur pays d'origine et nous devons y tenir la main.

Certaines tribus Xas avaient fait par peur bande commune avec les Chinois, à la suite des dissensions entre les Xas et les Pou-Euns. Mais le gouvernement annamite, en donnant à ces peuplades des terres cultivables, a fait cesser tout motif de trouble.

Conséquences de ces invasions. — Les populations Pou-Euns ont donc eu à subir les vexations des Xas, luttant pour acquérir un territoire cultivable, le pillage des bandes chinoises (Hôs), restes de pavillons noirs et de pirates de profession ; puis les réquisitions des rebelles annamites ; puis l'oppression des Siamois ; puis les exactions de certains mandarins annamites lors de la révolte. Ceux-ci pensaient que ces populations qu'ils doivent protéger sont taillables et corvéables à merci. Les habitants trouvaient que le moindre de leurs maux eût été de payer l'impôt à la fois au Siam et à l'Annam ; mais les Siamois emmenaient les chefs et les notables au Siam, enlevaient les femmes et les enfants de ceux qui refusaient de se soumettre à eux, déportaient en masse la population des villages, décapitaient ou fusillaient ceux qui se montraient favorables aux Français.

De même, dans ces trois dernières années, un grand nombre de Cambodgiens ont émigré au Siam et au Laos. Il y a déjà au Siam un million de Cambodgiens, et ce royaume, qui a accaparé de force plus de vingt mille Annamites, protégés français, prétend dominer un million de Laotiens.

Cette nouvelle hégémonie siamoise se compose de
3.400.000 étrangers contre 1.600.000 nationaux seulement.
Il est urgent d'enrayer cette tactique qui ne lui a que trop
réussi depuis un siècle. Comme la germanisation en Europe,
c'est l'annexion et la transportation en masse de peuplades
incapables de se défendre et qu'on *siamisait* aux dépens
des royaumes voisins. Non seulement nous devons empêcher cette émigration cambodgienne, et nous ne pouvons
plus tolérer les enlèvements, mais il faut faire ramener les
habitants des territoires recouvrés et faire revenir les
notables emmenés jadis au Siam. Quant aux Annamites et
sujets annamites qui sont restés de gré ou de force au
Siam, ils doivent être placés de droit sous la protection du
consul de France à Bangkok, ainsi qu'il est prévu par le
traité de 1884, dont l'application rigoureuse doit être poursuivie. La question intéresse 20.000 de nos protégés et
vaut donc la peine d'être réglée en ce sens.

En somme, cette petite nation siamoise a fait audacieu-
sement en Annam, en pleine paix, ce que les Chinois faisaient contre nous au Tonkin pendant la guerre. Les
Siamois avaient oublié que la Chine a été châtiée.

« Deux malheurs pour le pays, que ces Hôs et ces
Siamois, disait un vieux mandarin du roi de Luang-
Prabang à M. Pavie, en 1888. Ils prenaient tout dans les
cases et les brûlaient. Ils emmenaient les femmes et les filles.

« Près de vous, Français, nous, Laotiens, nous nous
asseyons à l'aise et contents. Près des Siamois, nous sommes
craintifs, sombres, tremblants.

« Cependant nous vous savons forts, et eux sont-ils plus
forts que nous ? Quand je vous parle, vous rêvez.... Pourquoi ne dites-vous rien ? » C'est parce qu'aucune décision
n'était prise et que la nation protectrice continuait, malgré
ces plaintes et ces appels si pressants, à faire la sourde
oreille. Il devait en être ainsi jusqu'en 1893, alors que les
audaces siamoises eurent dépassé toutes les bornes.

Premiers postes français. — Dès que nos postes eurent été établis à l'entrée de cette région (1888), les habitants des Muongs nous considérèrent comme des sauveurs. Ils nous demandèrent de les débarrasser des bandes chinoises et nous y aidèrent ; puis ils nous supplièrent de refouler les envahisseurs siamois et de rétablir l'autorité régulière annamite dans leur pays, rendu à la sécurité et aux relations commerciales avec l'Annam-Tonkin.

On voit combien la marche en avant et l'établissement de notre supprématie est chose ardue, délicate, difficile et de longue haleine. Là où il fallait de l'esprit de suite et de la persévérance opiniâtre, on a trop souvent changé nos agents. Pendant que la mort fauchait, en six ans, six rois d'Annam, *quinze* Résidents généraux et Gouverneurs se succédaient en cinq ans en Indo-Chine, de 1883 à 1888. Les questions extérieures étaient ajournées et nos rivaux en profitaient[1].

Importance des routes du Mékong au Tonkin et en Annam. — Les routes commerciales du Mékong, en Chine d'une part et à la mer d'autre part, ont été de tout temps jugées si importantes, qu'avant 1820 les Birmans avaient fondé sur un affluent de droite de ce grand fleuve quelques établissements en vue de se rapprocher du fleuve Rouge. L'anglais Gibson, ambassadeur de Birmanie, à Hué[2], proposa une route d'Ava au Tonkin. La distance était de 100 lieues d'Ava au Mékong, et de 70 lieues de là à Hanoï. On avait à traverser la Salwen, l'Iraouaddy, le Mé-Nam et le Mékong.

« Les Birmans renouvelèrent leurs propositions à Hué en 1823. Mais les Siamois firent évacuer les établissements birmans en 1824, après la guerre entre les Birmans et les Anglais. En outre, ils poussèrent les Laotiens de la rive

[1] Voir : *Les frontières de l'Annam-Tonkin* (1899).
[2] *Relations du Siam avec l'Annam*, par Ch. Lemire. — Paris, Challamel, 1879.

gauche du Mékong à s'opposer à cette entreprise qui aurait
réuni la Birmanie, le Siam, le Cambodge, l'Annam, le
Tonkin et la Chine. Il nous était réservé d'entreprendre,
70 ans plus tard, de relier le Mékong au fleuve Rouge et à
Hanoï.

En 1888 (février), la voie du Mékong (Luang-Prabang)
à Hanoï, a été reconnue sur la rive droite de la Rivière-
Noire. Il y a, du Mékong à Dien-Bien-Phu, douze jours ;
de là à Laï-Châu, cinq jours ; de Laï-Châu à Viet Tri et à
Hanoï, dix jours, total vingt-sept jours.

Organisation du protectorat. — La mission Pavie nous
a ouvert ces régions où nous devions, disait-il, pénétrer
en *explorateurs*, rester en *observateurs*, et, quand les
Siamois auront, de gré ou de force, évacué la rive gauche
du Mékong, nous établir en *protecteurs*.

C'est ce que nous avons fait, et, comme nous l'avions
prévu, il n'a pas fallu pour cela d'expéditions onéreuses.
Un petit nombre de miliciens a suffi.

Que demandent, en effet, ces districts ? La sécurité et le
maintien de leur régime.

Nous devons leur assurer la paix d'abord, puis nous
utiliserons leurs propres moyens. Si nous négligions de le
faire, ce pays redeviendrait la retraite de rebelles ou de
brigands, ou de nos ennemis extérieurs.

Plus tard il se défendra lui-même sans que nous y lais-
sions de fortes garnisons. On emploiera les hommes de
chaque région, organisés sur place, sans grosses dépenses,
sans corvées insupportables et onéreuses. Le Tran-Ninh
n'avait autrefois qu'un seul chef héréditaire. Rétablissons-le
avec un agent français auprès de lui. Donnons à ce pays une
organisation autonome sous la dépendance nominale du protectorat, afin de préparer notre influence, puis notre domination sur le bassin du Mékong, c'est-à-dire jusqu'à la Chine.

Voyage de MM. Pavie, Vacle et Cupet. — Le consul
Pavie et M. Vacle, commerçant, partis de Luang-Prabang

le 15 février 1889 et de Hôuten (Mékong) le 15 mars, étaient arrivés à Vinh par Cam-Môn et Cam-Côt. M. Pavie a reconnu qu'on venait du grand fleuve à Vinh en 6 jours de barque et 3 jours d'éléphants, par le In-Boun, la Vallée du Nam-Ka-Dinh et le Ngan-Phô.

Les gens de La-Khon et de Houten viennent par le Nam-In-Boun jusqu'au Keng-Kiêc, et de là, à éléphant, en traversant le Nam-Ka-Dinh jusqu'au Ngan-Phô.

Les gens de Keng-Kiêc portent à Vinh des cornes de buffles, peaux, étoffes, et rapportent de la soie, des marmites en cuivre et en fer. Il se fait aussi des échanges entre Vinh et Nong-Kay ; les buffles valent 15 piastres la paire (50 fr.).

Du Ngan-Phô au Keng-Kiêc, les éléphants sont loués dix ligatures et portent au plus deux piculs chacun, soit 120 kilogrammes. Les marchands mettent quinze jours, aller et retour.

En somme, de La-Khon à Vinh par le Nam-In-Boun, le Nam-Ka-Dinh et le Ngan-Phô, existe une route commerciale facile, suivie par les marchands annamites et étudiée par M. Macey, l'agent du Syndicat du Haut-Laos.

M. Pavie, en traversant le Cam-Môn et le Cam-Côt, régions des Pou-Euns du Hatinh, où les Siamois avaient mis depuis deux ans et demi une faible garnison, fit reculer les poteaux que les Siamois avaient établis comme frontière. Ceux-ci faisaient payer l'impôt à cette région. Il fut convenu, en mars 1889, avec les Siamois, que des deux côtés on observerait le *statu quo* jusqu'au règlement du litige entre les deux gouvernements. Nous ne sommes que trop restés fidèles à cette convention dont les Siamois ne tinrent aucun compte. Ils poursuivirent leurs empiètements jusqu'aux premiers mois de 1893 où le conflit éclata. Il fallut intervenir et les expulser.

Un poste français avait été établi en 1888 à Na-Huong, près de Na-Bé, à côté du poste des Siamois, puis reporté

8 kilomètres plus loin, à Nakai, dans un ancien fortin annamite.

Les Siamois, grâce à M. Pavie et à notre nouveau poste de Na-Kai, refoulés du col de Top-Man (ou Hop-Ham), se rabattirent aussitôt sur le col de Qui-Hop, ouvrant un passage de La-Khon à Vinh. Les habitants firent en même temps appel à nos postes de Tri-Ban et de Hatinh.

De son côté, M. le capitaine Cupet partait le 13 janvier 1889 de Luang-Prabang par le Nam-Khan, qu'il remontait pendant 200 kilomètres, en 11 jours, après avoir franchi les rapides de Kheng-Luong. Il gagne ensuite le Nam-Seng, navigable pendant 100 kilomètres, et atteint Muong-Song, l'un des districts du Tran-Bién (Opan-Tân-Hoc). Ce pays était alors sous la coupe du Siam qui maintenait à Muong-Son un officier siamois avec une assez forte garnison. Le capitaine Cupet remonte le Nam-Luong et explore la région ouest du Tran-Bién qui abonde en benjoin. En deux jours on franchit le plateau, haut de 1.600 mètres, qui sépare les deux bassins, et l'on arrive à Dong-Xa, sur le Song-Ca, que l'on descend jusqu'au Song-Mô qui pénètre en Tran-Ninh.

M. Cupet en visita le chef-lieu, Xien-Quang, ainsi que Muong-Ngan, où le docteur Neis était arrivé en 1883 sans pouvoir aller plus loin, les Siamois et les Hôs lui ayant barré la route. Le 7 avril, le capitaine était à Vinh.

Le trajet de Luang-Prabang à Vinh peut être fait en vingt jours, dont quinze à pied et cinq en barque; on passe par Xien-Quang et l'on atteint Ta-Do, sur le Song-Mô. On réduit beaucoup le trajet en allant par terre à Xieng-Kham et en prenant le Song-Mat, affluent de droite du Song-Ca.

Xieng-Kham n'est qu'à trois jours de marche du Nam-Khan, qui mène à Luang-Prabang.

L'état-major de la division, coordonnant les relevés de la mission Pavie, a dressé une carte de ces vastes territoires. L'œuvre considérable de cette importante mission est en cours de publication à Paris. La grande carte a paru en 1893.

C'est à la France, qui les a fait connaître et pacifiées, qu'il appartenait d'établir sans conteste sa bienfaisante influence dans ces régions.

Les Siamois n'ont pas eu à attendre des ordres de Bangkok pour évacuer les points qu'ils occupaient à l'ouest des provinces du Nghê-An et du Hatinh. Ces points avaient été judicieusement choisis sur la route qui mène du Mékong en Annam, de Houten à Hatinh, de Luang-Prabang à Vinh. On conçoit, dès lors, quelle était l'importance pour nos intérêts de nous assurer de ces voies politiques et commerciales, de les fermer aux bandes armées, chinoises ou siamoises, et de les ouvrir aux marchands. Ce but, nous l'avons atteint, il faut le poursuivre jusqu'au bout avec une sage persévérance.

Évacuation des Hôs. — Quant aux Hôs, les Siamois voulaient faire revenir ces Chinois dans le Tran-Ninh et leur concéder des terres. Sur trois des chefs chinois, un fut tué en 1888 par nos troupes, un par le bam-biên muong Tha-Phan, dont la famille avait été enlevée par les Siamois ; le troisième a échappé et s'est retiré avec sa bande à Luang-Prabang. Il a disparu depuis ; mais l'un de ses chefs fut tué et sa bande détruite en juin 1889 lorsqu'elle voulut revenir sur le Song-Ca. Le R. P. Pédemont fut tué dans l'expédition faite en novembre 1888, au début de cette chasse aux Chinois.

Ces Chinois, au nombre de plusieurs centaines, en armes, avec femmes et enfants, se sont retirés en Yunnam, d'où ils étaient venus, et le pays, depuis le mois de mai 1889, est débarrassé d'eux. Les habitants terrorisés sont revenus dans leurs villages. Cet excellent résultat est dû au commandant Pennequin qui a su rendre à ce pays son autonomie et la paix.

L'ensemble des communications avec l'Indo-Chine française. — Le colonel Laurent écrivait de Hanoï, en 1887, sur l'ensemble et l'avenir de ces régions, l'exposé suivant :

« Le Tonkin est comme un coin qui pénètre dans l'angle de l'Asie continentale et de la péninsule indo-chinoise, donnant par sa position l'accès direct dans le Yunnam, prenant à revers la Chine du sud vers le nord, et l'Indo-Chine vers le sud.

Position admirable à tous les points de vue, aussi bien au point de vue commercial qu'au point de vue politique et au point de vue militaire. Ce pays, devenu un vaste établissement européen, sera puissant par lui-même, et pèsera d'un grand poids sur les régions voisines qui ne pourront se soustraire à son influence. Si l'on étudie, en effet, une carte générale de l'Asie orientale, on voit que l'un des côtés rapproche certains points du littoral de quelques places principales de l'Indo-Chine et de la Chine du sud, de façon à attirer inévitablement le mouvement de l'intérieur vers la mer de ce côté. Le Song-Giang, fleuve de Dong-Hoi, province du Quang-Binh (Annam), est à 45 lieues de La-Khon, un des points principaux du Laos sur le Mékong. Nong-Kay, chef-lieu de ce même Laos, est à 75 lieues du port de Vinh (Annam) ». C'est la route que vient de rouvrir M. Pavie.

« Les Muongs-Pou-Euns, bassin moyen du Mékong ou région de Tran-Ninh, sont à 6 jours de Vinh. Luang-Prabang, clef stratégique et politique de toute la presqu'île Indo-chinoise, est à 100 lieues de Vinh. C'est la route qui a été parcourue par M. Cupet. — Alevy (Xieng-Hong) centre politique et commercial du Laos Birman indépendant ; Poueurl, un des entrepôts du Yunnam, marché du meilleur thé et de l'opium ; Linh-Ngan, centre de la production métallurgique du Yunnam, tout l'ouest du Kouang-Si, ont leur débouché vers la mer par le Tonkin ; enfin l'importante et populeuse province de Taï-Ping est à 120 kilomètres

de la baie d'Along et écoulait par là jadis ses produits.
Quand on cherche à voir si ces divers points pourraient
essayer de se relier à la mer par d'autres voies, on s'aperçoit bien vite qu'ils ne peuvent y songer. Dans toute autre
direction, la mer est à des distances deux à quatre fois plus
grandes. Le despotisme des cours orientales et l'exclusi-
visme des anglo-siamois lutteront certainement pour empêcher le courant commercial de se détourner vers des
points étrangers ; mais cette lutte ne saurait se soutenir
longtemps, car elle aura pour adversaires la propagation
des idées libérales et les intérêts commerciaux qui, tôt ou
tard, renversent ce qui les gêne. »

Les tribus de cette région ont été depuis dix-sept ans
maintenues dans ces contrées délaissées de tout gouvernant
comme une barrière entre la Chine et le reste du monde.

Ces voies de communication naturelle nous étaient fer-
mées, nous les avons rouvertes et nous avons appris à les
mieux connaître ; nous les améliorerons et nous en tirerons
de grands avantages politiques et commerciaux.

M. Le Myre de Villers prévoyait parfaitement le but où
nous devions tendre, et il voulait y arriver par les moyens
pacifiques mais persévérants qu'il appelait si bien « faire
la tache d'huile ».

Prévisions des traités au sujet de ces populations. —
En formulant le traité de 1883, avec l'Annam, M. Harmand
avait déjà en vue nos relations avec les peuples du Laos.
Il repoussait déjà l'appellation de *sauvages*, traduite de
l'annamite par les premiers missionnaires et conservée à
tort dans le bassin du Bla et autres vallées, alors que
plusieurs peuplades, Pou-Euns, surtout, ont les mœurs
douces et honnêtes qu'ils doivent à l'observation du boudhisme indou, si différent du boudhisme siao-annamite.

« Il ne faut pas, disait-il, négliger l'appoint que ces
populations malheureuses, mais énergiques, pourront nous
fournir, étant sous notre protection, lorsque arrivera le

moment de tourner nos regards vers la grande vallée du Mékong. »

Or, ce moment est venu. La mission de Lagrée-Garnier en eut l'initiative. La mission Pavie a été chargée de l'application et personne n'est plus compétent en la matière que notre ministre à Bankok.

Quand M. Harmand quitta Bangok en 1883, après avoir instruit le département des affaires étrangères de la situation des frontières entre l'Annam et le Siam, il se préoccupait de la revendication des frontières occidentales de l'Annam, envahies par les Siamois. « Nous attendrons sans doute longtemps, se disait-il, cette rectification. » Et, en effet, nous l'avons attendue jusqu'en octobre 1893.

Nos devoirs et nos droits dans ces régions. — Cependant, par le traité de 1884, la France considère les Annamites et les peuplades de l'Annam comme ses protégés en tous lieux, au dedans comme au dehors. Envers les colonies annamites du Mékong, de La-Khon, de Houten, du Laos, nous avons des devoirs et des droits. Ces noyaux de population deviendront, dit M. Harmand, des centres puissants dès qu'ils seront assurés d'une protection efficace. Ces centres se développeront au milieu de ces belles plaines dépeuplées du Laos annamite. Ces colonies ressortissent à notre protectorat comme les régions du Tran-Ninh, du Cam-Mon et du Cam-Cot, des Méos, des Xas, etc. Toutes celles-ci nous demandent d'agir en leur faveur et se réclament de nous. Nous devons aller à elles.

« Du côté de Luang-Prabang, la question de frontières si indécise, une fois réglée à notre avantage, préparerait notre action sur ce royaume si important et destiné, pour peu que nous voulions en prendre la peine, à arrêter l'expansion de l'influence anglaise sur des territoires qui doivent être un jour français. »

C'est l'influence anglaise, siamoise et chinoise qu'il s'agissait de devancer. Notre protectorat étant reconnu sur cette

principauté, nous avons fait déjà un grand pas ; mais il
faut aller jusqu'au bout et ne pas abandonner à l'Angleterre,
sous prétexte d'État-tampon, les États Shans du bassin du
Haut-Mékong, objet des réserves de la France en 1884. Il
suffit, en s'appuyant sur le passé de ces régions, sur leurs
annales, leur état politique, ancien et récent, et sur leur
situation géographique, de considérer qu'elles font partie
intégrante de l'Indo-Chine française.

Ensemble des territoires de l'Indo-Chine française.
— Un simple exposé géographique nous montre l'union
indo-chinoise formant un tout compact, borné par des
limites naturelles qui sont : la mer d'Annam, au sud et à
l'est ; le grand fleuve Mékong, du sud-ouest au nord ; la
frontière de Chine au nord. Est-il un pays mieux défini,
mieux gardé, mieux doué ? Le long de ce parallélogramme
qui forme l'Indo-Chine française, nous n'avons que deux
voisins à l'ouest : le Siam et la Birmanie devenue anglaise
et un voisin au nord, la Chine. Le Siam indépendant, voilà
le véritable et le seul État-tampon qui doive exister entre
nous et la Birmanie. En outre le Cambodge et son grand
fleuve s'étendent du sud-ouest au nord. La mer baigne
deux côtés, le sud et l'est. Il ne reste que la frontière chinoise à garder.

Routes et ports. — Sur le Mékong, il n'est besoin que
de stations commerciales. Sur la côte d'Annam, les ports
sont à la fois des entrepôts commerciaux et des centres de
défense appuyés sur l'arsenal de Saïgon. Ces entrepôts sont :
1° Xuan-Day et Qui-Nhon ; 2° Tourane et Fai-Fô ; 3° Vinh et
Hatinh ; 4° Haï-Phong et Hanoï. Ils sont reliés aux centres
du Mékong par des voies navigables et des chemins praticables : 1° à Stung-Treng ; 2° à Bassac ; 3° à La-Khon, Houten et Non-Kay ; 4° à Luang-Prabang, routes reconnues
par la mission Pavie et ses collaborateurs.

Avenir commercial et défense militaire. — De Haï-
Phong et Hanoï vers la Chine, la voie du fleuve rouge est

ouverte par Lao-Kay. Le chemin de fer va se terminer jusqu'à Lang-Son, à la fin de la présente année.

Voilà donc un quadrilatère de 52.000.000 d'hectares presque aussi grand que la France, renfermant 5.000.000 d'Annamites, 15.000.000 de Tonkinois, 2.000.000 de Cochinchinois, 1.000.000 de Cambodgiens, 4.000.000 de Kiams, Moïs, Laotiens, peuplades des Muongs, soit 27,000.000 d'habitants.

Ils sont desservis par des voies transversales, par des fleuves, « routes qui marchent », défendus par des postes, par des forces militaires et maritimes, dans les citadelles et dans les rades et ports.

Un droit léger de douane resterait établi sur les produits étrangers, venant presque exclusivement de Chine, sans similaires en Europe, indispensables à la consommation quotidienne de la population. Un droit protecteur favoriserait les produits de nos nationaux. De la sorte nous nous assurerions le monopole du trafic avec ces 27.000.000 d'hommes. Les tarifs minimes de transit et le léger tarif des produits non similaires développeront les échanges avec le Yunnam, le Quang-Si, le Quang-Toung, ramenant à nous une clientèle de 40.000.000 de Chinois au minimum. Le trafic général sera donc basé sur une population de 67.000.000 de consommateurs et de producteurs.

Conclusions. — La conception de l'Indo-Chine française n'était rationnelle pour le présent comme pour l'avenir qu'en lui donnant ses bornes naturelles, indispensables. Notre parallélogramme doit être fermé. Sur trois de ses côtes la nature le protège au point de vue de la défense militaire, par terre et par eau, de la navigation guerrière et marchande, du commerce extérieur d'importation, du commerce d'exportation et des échanges extérieurs. La diversité des peuplades qui occupent ce parallélogramme, sous notre domination ou notre protectorat, en fait fata-

lement une République française, une et indivisible, pouvant être administrée à peu de frais. Pour tout esprit sou-
cieux des destinées de l'Indo-Chine française, ce sont là les
conditions inéluctables des résultats matériels, politiques,
commerciaux et sociaux à en retirer. Ce sont là les voies
et moyens indispensables à sa grandeur future et à la pros-
périté qui lui a été prédite avec une conviction aussi justi-
fiée que consolante et patriotique.

L'évacuation du Tran-Ninh et du Cam-Môn est définitive
depuis le traité de Bangkok du 3 octobre 1893. Nous avions
déjà forcé les Siamois à se retirer le 24 mai 1893. Le Khâ-
Luong (commissaire) de Cam-Môn, nommé Phra-Yot, refusa
pendant plusieurs jours de quitter volontairement ce poste et
maintenait son pavillon hissé en face du drapeau français.
Il fut désarmé par le résident Luce et le poste fut évacué
sans résistance. On y trouva quatre-vingts fusils et des
armes blanches. Phra-Yot déclara à M. Luce qu'il était
résolu à ne pas lutter contre nous et qu'il laisserait les
deux gouvernements régler les contestations pendantes. Il
fut reconduit vers Houten, sur le Mékong, par l'inspecteur
des milices, Grosgurin, officier intelligent et énergique,
connaissant une partie du Laos annamite, avec vingt miliciens annamites et un interprète cambodgien. Ils avaient
pour mission de protéger le mandarin siamois contre les
habitants dont il s'était attiré la haine par ses exactions et
sa sévérité.

Arrivé à Keng-Kiêc, M. Grosgurin tomba gravement
malade. Phra-Yot avait mandé secrètement de Houten
deux cents hommes armés. Ils vinrent, le 2 juin, entourer
la maison où Grosgurin était couché et le tuèrent par sur-
prise avec seize de ses hommes et son interprète.

Bien que le fait ait eu lieu en territoire annamite, en
pays de protectorat, nous eûmes la condescendance de
consentir à ce que les auteurs de cet attentat et de celui de
Xieng-Khan soient jugés par les autorités siamoises. Un

magistrat de Cochinchine fut envoyé à Bangkok en mars 1894, conformément aux clauses de la convention du 1ᵉʳ octobre dernier, pour assister au jugement et veiller à l'exécution des peines prononcées. Le gouvernement français se réservait le droit d'apprécier si les condamnations étaient suffisantes et, le cas échéant, de réclamer un jugement devant un tribunal mixte, dont il fixerait la composition. Les Siamois essayèrent d'abord de nous imposer un tribunal mixte, composé par leurs soins. Ils se décidèrent enfin à juger Phra-Yot. Le tribunal était présidé par le prince Bidgit, gouverneur d'Ou-Bôn. Le 16 mars, le prévenu, assisté de deux avocats anglais, fut acquitté sur tous les chefs d'accusation !

Il est à présumer que le gouvernement français voudra user du droit qu'il s'est réservé et fera reviser le procès. Le meurtre de notre agent et de nos soldats ne saurait rester impuni.

Quant à l'attentat de Xieng-Khan en Tran-Ninh, il s'agit d'un fonctionnaire (Bam-Biên) et d'une dizaine de notables annamites et des interprètes envoyés dans ce district en 1891 par le résident de France de Vinh, avec des fusils et un pavillon français. Ils furent arrêtés, maltraités, dépouillés et déportés à Bangkok par les Siamois. D'après la récente convention, ils doivent être ramenés par un délégué du ministère siamois des affaires étrangères à la légation de France, ainsi que les armes et le drapeau confisqués par les autorités siamoises.

Or, ce protégé français n'a jamais reparu et les Siamois n'opposent que des réponses dilatoires à nos réclamations.

Le texte de la convention stipule encore ce qui suit : « Le gouvernement siamois devra remettre à la disposition du ministre de France à Bangkok ou des autorités françaises à la frontière, tous les sujets français, annamites, cambodpiens, laotiens, de la rive gauche, détenus à un titre quelconque. *Il ne mettra aucun obstacle au retour sur la rive gauche des anciens habitants de cette région.* » Or, les Siamois prétendent que ces anciens habitants sont en nombre infime, alors qu'on en a déporté des milliers, comme le consul anglais Archer l'a lui-même constaté.

C'est en présence de ces fins réitérées de non recevoir de la part des Siamois que le Parlement anglais se préoccupe si vivement de l'évacuation de Chantaboun par nos troupes. Il serait plus important et plus honorable pour l'Angleterre de faire connaître à l'Europe l'époque où elle compte rendre l'Égypte aux Égyptiens.

Il y aura donc lieu d'insister avec fermeté auprès du Siam pour qu'il renvoie dans leurs districts les chefs et les habitants Pou-Euns qu'ils ont déportés sur la rive droite et qui doivent rentrer dans le Tran-Ninh.

L'organisation de ce pays, conformément à ses mœurs et à ses anciennes coutumes féodales, lui rendra, après de si longues années de misères et d'oppressions, quelque vitalité. En apprenant à connaître les Pou-Euns, nous apprendrons à les administrer. Le Protectorat trouvera parmi ces populations honnêtes et douces les moyens de mettre en valeur les territoires fertiles qui nous ont été restitués et qui prolongent notre domaine depuis le littoral de l'Annam jusqu'au bassin du Mékong.

La carte d'ensemble, jointe à cette étude, montrera quelle est dans ce domaine la place occupée par le pays des Tiêms, des Moïs et des Pou-Euns, et comment les ports de la mer d'Annam se rattachent aux principaux centres de trafic sur le Mékong où flottent actuellement les couleurs françaises.

Annexe à

lo-Condore

M

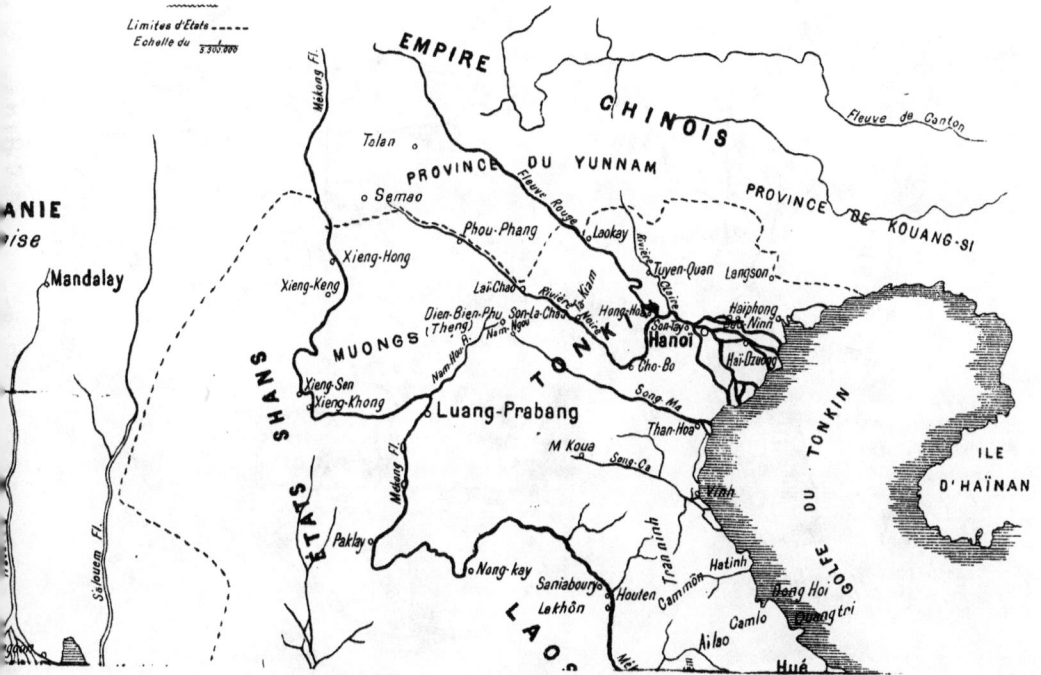

CROQUIS D'ENSEMBLE
DE
L'INDO – CHINE

Limites d'Etats _ _ _ _ _
Echelle du 3.300.000

EMPIRE

CHINOIS

Fleuve de Canton

Mékong Fl.

Talan

PROVINCE DU YUNNAM

Semao

Fleuve Rouge

Laokay

PROVINCE DE KOUANG-SI

ANIE
ise

Mandalay

Phou-Phang

Rivière Claire

Tuyen-Quan

Langson

Xieng-Hong

Xieng-Keng

Lai-Chao

Rivière Noire

Hong-Hoa

Haiphong

Bac-Ninh

SHANS

MUONGS

Dien-Bien-Phu
(Theng)

Son-La-Chao

Nam Hou

Son-tay

Hanoi

Hai-Dzuong

Salouen Fl.

ÉTATS

Xieng-Sen
Xieng-Khong

Luang-Prabang

Cho-Bo

Song Ma

TONK

GOLFE DU TONKIN

ILE
D'HAÏNAN

Mékong Fl.

M Koua

Than-Hoa

Song-Ca

Paklay

Nong-kay

Saniaboury

Lakhôn

Houten

Cammôn

Trao-ninh

Vinh

Hatinh

Dong Hoi

Quangtri

LAOS

Ai lao

Camlo

Hué

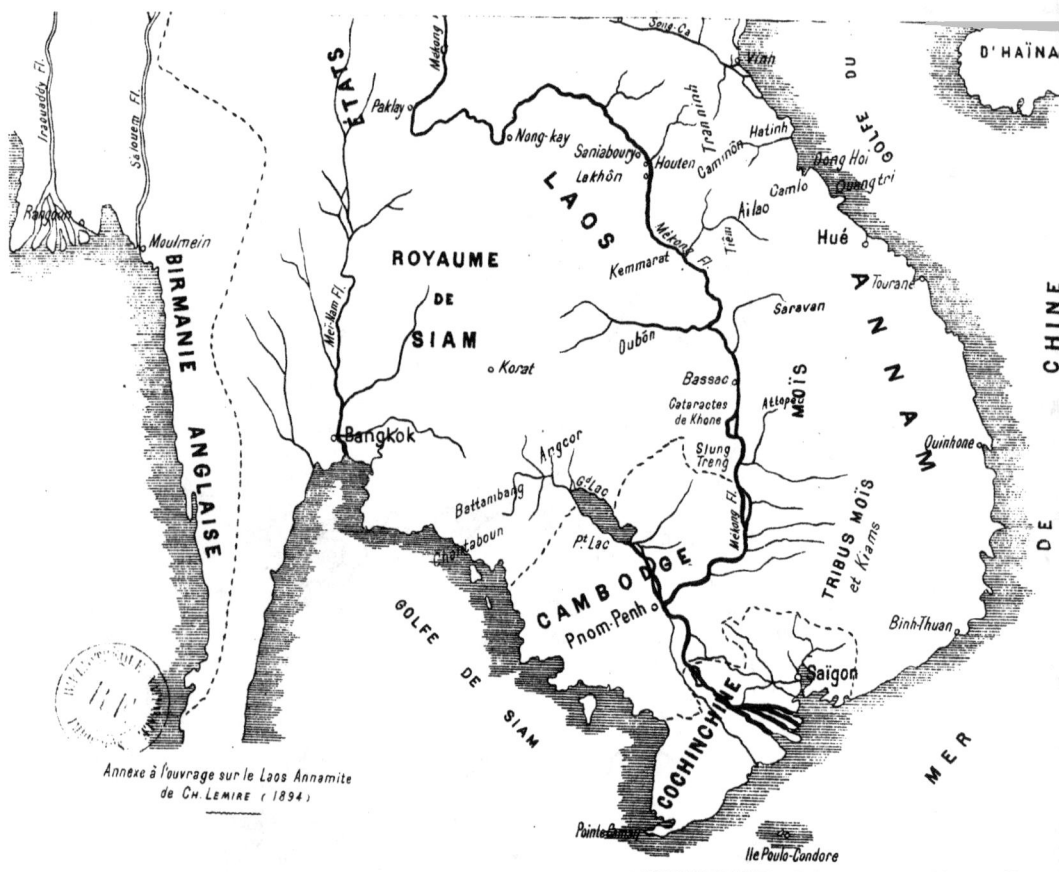

BIRMANIE ANGLAISE

Iraouaddy Fl.

Salouem Fl.

Rangoon

Moulmein

ÉTATS

Mékong

Paklay

Nong-kay

Saniabourye

Lakhôn

Houten

LAOS

ROYAUME

DE

SIAM

Korat

Mékam Fl.

Bangkok

Angcor

Battambang

Chantaboun

Pt Lac

Gd Lac

CAMBODGE

Pnom-Penh

GOLFE DE SIAM

Kemmarat

Oubôn

Bassac

Cataractes
de Khone

Mékong Fl.

Stung
Treng

Sou-Ca

Vinh

Tran-ninh

Caminôn

Hatinh

Dong Hoi

Quang-tri

Camlo

Ai lao

Hué

Tourane

Saravan

Attopeu

MOIS

ANNAM

Ouinhone

TRIBUS MOIS
et Krams

Binh-Thuan

Saïgon

COCHINCHINE

Pointe

Ile Poulo-Condore

MER DE CHINE

GOLFE DU

D'HAÏNA

Tiên

Annexe à l'ouvrage sur le Laos Annamite
de Ch. Lemire (1894)

APPENDICE

Le Traité et la Convention du 3 octobre 1893 avec le Siam

Le dimanche 1er octobre ont été signés à Bangkok, par les plénipotentiaires français et siamois, le traité et la convention sanctionnant les clauses de l'ultimatum et les garanties complémentaires telles que le Siam les avait déjà acceptées et en réglant l'exécution.

Les parties contractantes y prévoient l'établissement prochain d'un régime douanier plus favorable aux relations commerciales entre nos possessions et les territoires limitrophes.

Le gouvernement siamois s'engage à assurer toutes les facilités nécessaires aux travaux que la navigation du Mékong rendrait nécessaires sur la rive droite du fleuve.

La France continuera à occuper Chantaboun jusqu'à la complète exécution des stipulations et, notamment, jusqu'à l'évacuation pacifique de la rive gauche du Mékong par les Siamois.

Les avantages résultant de ce traité donnent satisfaction aux réclamations qu'avait formulées le gouvernement français.

Voici, d'ailleurs, le texte intégral de ce traité et la convention qui y fait suite, en date du 3 octobre :

TRAITÉ

ARTICLE PREMIER. — Le gouvernement siamois renonce à toute prétention sur l'ensemble des territoires de la rive gauche du Mékong et sur les îles du fleuve.

ART. 2. — Le gouvernement siamois s'interdit d'entretenir ou de faire circuler des embarcations ou bâtiments armés sur les eaux du Grand Lac, du Mékong et de leurs affluents situés dans les territoires visés à l'article suivant.

ART. 3. — Le gouvernement siamois ne construira aucun poste fortifié ou établissement militaire dans les provinces de

6

Battambang et de Siem-Reap et dans un rayon de vingt-cinq kilomètres sur la rive droite du Mékong.

ART. 4. — Dans les zones visées par l'article 3, la police sera exercée, selon l'usage, par les autorités locales avec les contingents strictement nécessaires. Il n'y sera entretenu aucune force armée régulière ou irrégulière.

ART. 5. — Le gouvernement siamois s'engage à ouvrir dans le délai de six mois des négociations avec le gouvernement français en vue du règlement du régime douanier et commercial des territoires visés à l'article 3 et de la revision du traité de 1856. Jusqu'à la conclusion de cet accord il ne sera pas établi de droits de douane dans la zone visée à l'article 3. La réciprocité continuera à être accordée par le gouvernement français aux produits de ladite zone.

ART. 6. — Le développement de la navigation du Mékong pouvant rendre nécessaires sur la rive droite certains travaux ou l'établissement de relais de batellerie et de dépôts de bois et de charbon, le gouvernement siamois s'engage à donner, sur la demande du gouvernement français, toutes les facilités nécessaires à cet effet.

ART. 7. — Les citoyens, sujets ou ressortissants français pourront librement circuler, commercer dans les territoires visés à l'article 3, munis d'une passe délivrée par les autorités françaises. La réciprocité sera accordée aux habitants desdites zones.

ART. 8. — Le gouvernement français se réserve d'établir des consulats où il le jugera convenable, dans l'intérêt de ses citoyens, sujets ou ressortissants, et notamment à Korat et à Muong-Nan. Le gouvernement siamois concédera les terrains nécessaires pour l'installation desdits consulats.

ART. 9. — En cas de difficultés, le texte français fera seul foi.

ART. 10. — Le présent traité devra être ratifié dans un délai de quatre mois à partir du jour de la signature.

CONVENTION

Les postes militaires siamois établis sur la rive gauche du Mékong et dans les îles du fleuve devront être évacués dans le délai d'un mois à dater de la signature de la présente convention. Ceux situés dans les provinces d'Angkor et de Battambang et sur la rive droite du fleuve dans un rayon de

vingt-cinq kilomètres devront être évacués à la même époque
et les fortifications rasées.

Les auteurs des attentats de Tong Xieng-Khan et de Kammon
seront jugés par les autorités siamoises. Un représentant de
la France assistera au jugement et veillera à l'exécution des
peines prononcées. Le gouvernement français se réserve le
droit d'apprécier si les condamnations sont suffisantes, et, le
cas échéant, de réclamer un jugement devant un tribunal
mixte dont il fixera la composition.

Le gouvernement siamois devra remettre à la disposition
du ministre de France à Bangkok ou des autorités françaises
de la frontière tous les sujets français, annamites, cambodgiens, laotiens de la rive gauche détenus à titre quelconque ;
il ne mettra aucun obstacle au retour sur la rive gauche des
anciens habitants de cette région.

Le bang-bien de Tong-Xieng-Khan et sa suite seront amenés
par un délégué du ministre des affaires étrangères à la légation
de France, ainsi que les armes et le pavillon français saisis
par les autorités siamoises.

Le gouvernement français continuera à occuper Chantaboun jusqu'à l'exécution des stipulations de la présente convention et notamment jusqu'à la complète et pacifique évacuation des postes siamois établis tant sur la rive gauche du
Mékong et dans les îles du fleuve que dans les provinces de
Battambang et de Siem-Reap et dans un rayon de vingt-cinq
kilomètres sur la rive droite du Mékong.

Le délai de six mois dont il est question pour la convention
douanière à conclure est expiré au 1er avril 1894. Les négociations prévues ne seront pas suivies à Bangkok, mais à
Paris.

Dans ce traité, il ne pouvait s'agir des États Shans du
haut fleuve. La question du Mékong supérieur (rive droite)
reste donc ouverte entre nous, la Birmanie anglaise et la
Chine. Elle exige de notre part une énergique vigilance. Une
Commission est chargée de relever la configuration de ces
diverses principautés, en vue de la délimitation à intervenir.

Le traité franco-siamois et la convention, ayant reçu en
mars 1894 l'approbation des deux Chambres, ont été déclarés
exécutoires par le Président de la République française.

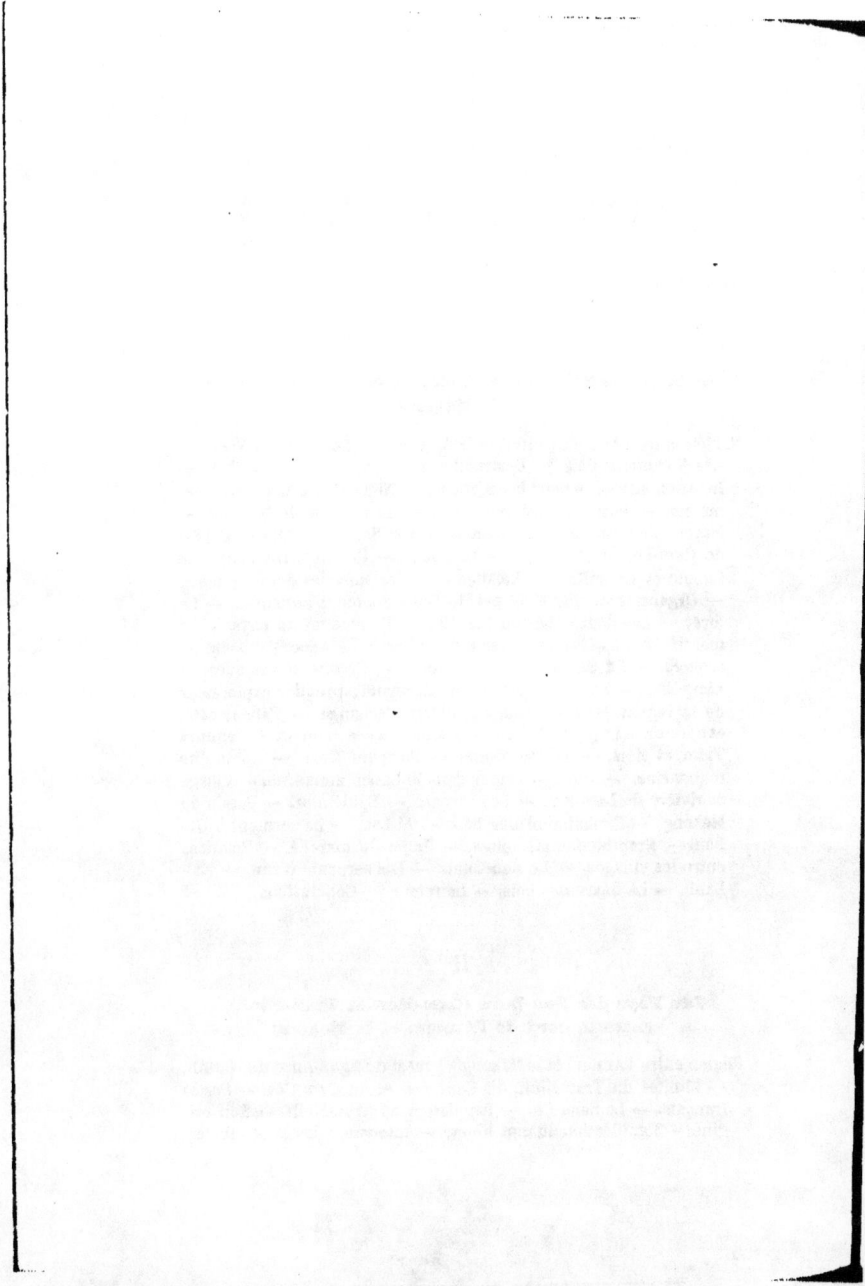

TABLE DES MATIÈRES

I

Le Pays des Tiêm et des Moïs, entre l'Annam central et le Mékong

II

Les Pays des Pou-Euns (Cam-Môn et Tran-Ninh), entre le nord de l'Annam et le Mékong

Appendice

CARTES

Angers, imp. Germain et G. Grassin. — 450-94.

www.ingramcontent.com/pod-product-compliance
Lightning Source LLC
Chambersburg PA
CBHW060639100426

42744CB00008B/1691